(唐)王維 撰 (唐)孟浩然 撰

宋本王摩詰文集
宋本孟浩然詩集

第二册

國家圖書館出版社

第二册目録

王摩詰文集十卷（卷七—十）

（唐）王維 撰　宋刻本

卷十　逆旅　雜題　哀傷……一〇九

孟浩然詩集三卷　（唐）孟浩然　撰　宋刻本

卷中　詩……一九五

（唐）王維 撰

王摩詰文集十卷（卷七—十）

宋刻本

王摩詰文集 七卷 八卷 北宋本 第五冊

王摩詰文集卷第七

碑

裴僕射濟州遺愛碑并序

京兆尹張公德政碑并序

魏郡太守河北採訪處置使上黨苗公德政碑并序

故右豹韜衛長史賜丹州刺史任君神道碑并序

大唐故臨汝郡太守贈秘書監京兆韋公神道碑銘并序

裴僕射濟州遺愛碑并序

夫爲政以德，必世而後仁；齊之以刑，苟免而無耻。則

刑禁者難久百年安可勝殘德化者効遲三載如何
考績刑以佐德猛以濟寬月期政成成而不朽者惟
裴公能之公名耀卿字煥之河東聞喜人也益爲帝
虞賓相帝舜非子其冑而邑諸裴在漢者爲水衡在
魏者守代郡十三代祖徽魏益豫雍兖徐五州刺史
蘭陵武公源於大賢泒以俊德世濟其美不殞其名
矣曾祖正隋散騎常侍長平郡贊理祖眘皇朝洛南
南鄭二縣令著族斯茂衣冠未敢爭雄继世皆賢英
彦無出其右故有常侍縣君遞輝迭映父守忠太常
愽士判駕部夏官員外今上楚王府諮議參軍邠寧
二州刺史贈晉兖沂三州刺史文儒之宗伯禮樂之

本源藉業雖曰承家復始由平種德再典大郡二爲
仙郎舉士大夫是則是斆且年不及壽而位未稱德
朝多其能歿而獨贈公則晉州之第三子也語而能
能文有識便智爲兒則量過備髮未壯而心在蒼生
伯建試經子琰應詔古之人也我不後之八歲神童
舉試毛詩尚書論語及第解褐補祕書省校書郎歷
中宗安國相王府典籤東觀載筆班固名香西園賦
詠劉楨氣逸轉國子主簿撿校詹事府丞學識宜在
儒林風度雅膺諸宋河南府士曹參軍考功員外郎
公府器廊廟之才曹無留事仙郎明黜陟之法野無
遺賢右司兵部二郎中長安縣令其在舍香一臺推

妙以之製錦四海是儀公之斷獄也必原情以定罪
不阿意以侮法是以小失大言　出為此州刺史公
推善於國不稱無罪思利於人忘其屈巳戮豪右以
懲惡一至無刑旌孝悌以勸善洪惟見德然後務材
訓農通商惠工敬教勸學授方任能行之一年郡乃
大理襁負而至何憂乎蕩神之人路不拾遺何畏乎
穿踰之盜既富之矣汲黯奚取於開倉使無訟乎仲
由何施其折獄居無何詔封東嶽關東列郡煩當馳
道至於犧牲玉帛資糧扉屨其或不供為有司所劾
因而厚斂非天子之意豐省之度多不得中故二千
石有不能受事於宰旅者矣季孫請會視郕滕濤塗

恐師出周鄭柳爲是也公盡事君之心且曰從人之欲万斯廂之粟玆乃如京百執事之人於我乎館四封之境二爲帝庭一郡之賦再粒天下士卒林會焉芉谷量皆投足獲安端拱取給無虞燥濕不畏寇盜草莽之中用能便其體羇紲之外無所勞其力天朝中貴持權用事厚爲之禮則生我羽毛小不如意則成是貝錦公享有常牢餼無私幣冒貨賄者我以爲仇謡芻蕘者吾所能禦至於急宣中旨暴征庶物或命嘉蔬先春當薦錫貢珍果非士所生舉是一隅其徒千計皆曾不旋踵若取諸懷又不知其備頊之所以然也謂饒牽竭矣而家有餘糧謂罷勞甚矣而人

有餘力豈非積年之儲用之有度終身之逸使之有
時不然班貢藝事輕重以列我視子男之國而倍公
侯之征今日之事我爲上也大駕還都分遣中丞蔣
欽緒御史劉日政宋珣等巡按皆嘉公之能奏課第
一公未受賞朝而歸藩天災流行河水泱溢蝗虫避
境雖馬援之化能然洪水滔天固帝堯之時且尔高
岸崒以雲斷平郊豁其地裂噴薄雷吼冲融天迴百
雉巢居泉客有其家室五稼波殄沼毛荒於畎畝公
急人之虞分帝之憂御衣假寐對案輟食不俟駕而
星邁不入門而雨行議隄防也至則平板榦具糇粮
揆形略趾量功命日而亦岸成谷白濤亘山雖有

呂梁之人盡下淇園之竹無能爲也乃有壞防之餘
衝波且盡僅在而危同累卵將墜而間不容髮公暴
露其上爲人請命風伯屏氣以遷跡陽侯整波而退
舍又王尊至誠未足加也然後下窒楗塞長茭土簣
雲積金鎚電散公親巡而撫之慰而勉之千夫畢飯
始就食一人未息不歸遽廬惰者發憤以躁勤懦者
自疆以齊壯成之不日金隄峩峩下截重泉上可方
軌北河廻其竹箭東郡不之爲桑田先是朝廷除公
宣州刺史公惜九仞之垂成恐衆心之或怠懷絲綸
之詔齎金玉之音率負薪而益勤親執撲而弥勵既
成乃發書示之皆捨畚攀轅廢歌成泣淚雨濟澤袂

陰魯郊哀哀號呼不崇朝而達四境嘻公之視人也
如子人之去公也如父宜其外聞於天司我五教公
之富人也以簡簡則不擾而人得肆其業非富歟公
之愛吏也以嚴嚴則畏威而吏不陷於罪非愛歟是
其大旨也至若沛郡謂爲神明濉陽謝其清靜尊經
於學校魯風載儒加信於兒童齊人不詐明開視聽
其察姦也無全曉習文法於决事乎何有六義之製
文在於斯五車之書學半於我其爲身討保乎忠貞
將爲孫謀賜以清白熊軾之貴子弟夷於平人龍門
則高賓客不遺下士非禮不動出言有章語曰愷弟
君子人之父母其是之謂乎維也不才嘗備官屬公

之行事豈不然乎維實知之維能言之况夫婦男女思我遺愛者吟詠成風耆艾人吏願頌清德者道路如市則王襃所講奚斯之頌美政感德綴詞之士固未甞闕如也維敢拒之哉頌曰

童子何知兮公邁成人大不必佳兮公德曰新天生德於公兮遺此下民天子命我兮守茲東郡人謂公以謫去兮不能致訓公曾不私巳兮政聲益振惟嵗十月兮帝封岱宗千乘万騎兮行幸山東小郡之賦兮再粒万邦豐不盈儉不陋兮公之舉也得中河爲不道兮離常流以痡毒不用一牲兮不沉一玉身當中流兮馮夷感而避賢勑陽侯兮使却走夫洪瀍板

築既具兮薪又屬庶人欣以就役兮高岸堀起於深谷人降丘宅土兮桑田鬱以載緑行無五馬兮食不載味惠恤鰥寡兮威讋黠吏公之德兮曾無與二人思遺愛兮濬溪滛歲久不衰兮至今性與天道吾不得聞兮誌其小者近者兮已是過人之德音

京兆尹張公德政碑并序

雲從龍風從虎氣應也聖人作賢人輔德同也君臣同德天地通氣以康九有以遂万類惟皇御極二十載光格四表至于海隅日出越小大邦蠻貊師長罔不欽于成憲以承天休然天子猶日省三揖列辟曰聽万方輿頌懼人有未化賢有未登故敭仄陋兼乎

十等選宗室及乎九族任事以觀材精時以觀行乃
得我賢京兆焉夫京兆號爲難理清静病於不給刀
筆拘於守文或以輭弱廢或以賊殺劾把宿負淺爲
丈夫用鉤距葢非長者我則異於是大道難名大理
無法閘闢於任數巧筭不能知堅壁於畫一善政不
能下摧宿豪如薙草無愠色視大權如歷塊無攙容
百司之騣總以奇而得正五方之人雜異教而同理
受命之始先聲巳振黠吏惡少聞風旅行及乎鳴騶
詣府登堂坐定縣尹掾史以次上謁守正之人其氣
高含章之人其詞大見容色而聞號令小人戚而君
子泰日者櫟陽男子閭里爲豪借客報仇聚人爲盜

或白日手刃或黃塵袖鎚政寬則以身先諸偷操急
則以事中長吏貳過不已万計自朓公命吏縛之立
死領下於是人入閤室若遇大賓焉前年不登人頷
太甚野無遺秉路有委骨天子不忍征於不粒賦於
無衣六軍從衛以臨東諸侯息關中也帝曰咨天其
降威人罔畏罪台恐寇益乃邑蜗曰蕩析離居惟尔
克濟撫茲凡公拜稽首思塞休命布慈惠之政不以
利溪振雷霆之威其或宥過饔人減雙雞之膳園人
省五馬之秣陶不獻服埒不填館自身已往振廩同
食雖人煙不動道殣相望不思濫以苟生咸守教以
就死是不可能也先是王公或專南山之利司農涸

昆明之池牧岸澤將爲田以便官至是悉奏罷之舟
鮫衡麓之守廢蒲荷薪蒸之産入自郊徂邑室有魚
飱斬陰伐陽市多山木人得以贍唯涇有防比歲多
決近縣疲於書役池山匱於度材公命刮朽壤填巨
石辨大木去編管其始告勞乃終有慶匠石日減功
万藏史曰省錢億𡨴始音黍安始安織於是鮐背黄
鬖之差曰我有田疇鍾秉其畝我有子弟顔閔其行
鄉黨以睦惇學　失其獨道路有禮汰無與争酒先養
差賄不問吏旣無吠犬亦無姦人臨年餘資幸蒙惠
化其𠱡以臻兹君子曰此天子至公内舉不避親錫
汝明尹張公之力也夫公於國爲外戚於帝爲外弟

重組累印珥香貂者七葉奉車駙馬乘朱輪者十人
勝衣則綺襦紈袴通藉則玉墀青瑣動則兩驂如舞
坐則五鼎成列文軒楚製素女趙舞而公儼兮其若
客淡兮其無味心在四教語稱七德目視六籍口誦
九歌懷君子令德之忠保詩人錫類之孝悌有過於
共被慈有踰於舍食惡衣以居公服不敢降也屈躬
下士玉綱不敢替也協二姓之好以正人倫旁無嬖
御分一人之憂以審官政下多英傑若夫皇帝敬問
之詔御札自書天王命賜之衣上宮所製勞勤則中
使接武計議則走馬來朝豈唯衆臣重其經術爲吏
雜以儒雅而已且公之外閫于天非一朝一夕之漸

也亦所以稱職於累官著聲於所在其丞祕書也闕
文遺簡多在大家深爲子孫之藏密有緘縢之固公
不憚權貴或抵或誘盡歸天閣官書備焉其牧郢也
人有不若德戮之不爲暴人有不保居撫之不爲詎
存者老其事壯其食以畜之行者緝其宮藝其樹以
待之此邦之人旣優他邦之人又重焉未盈一歲遂
增万户其守汾也仍歲大旱郡祠介推雖屢舞僊僊
而靈應未若公命束蘊取火伐樹實薪釃酒而祝曰
有功於人杞爲明神無德而祿禍亦覆餗自絳巳來
人實祀子純犧大辟不敢愛必以薦也童兒季女不
敢黷必以敬也神旣靡答人將安仰若亭午而雨則

樹其鷙羽執此騂毛不然者火燎將至燬天鑠地靈
衣且爲猥燼豊屋將爲茂草尒其圖之言未畢而雲
興拜未起而雨降周於圖境不及他郡雖封疆咫尺
而彼竭我盈嘻若記能十載感德渭川之竹不足簡
終南之木不足軸夫訓人至於禮義曰德安人免於
阽危曰功德者上賞於下下頌於上長老孜孜願刊
于石以予學於舊史來即我謀且維與人編户與人
爲伍與人出入與人言語知風俗之淳弊識政化之
源本屬詞愧文書事蓋實詞曰
五代相韓七葉侍漢及我聖朝亦生邦翰大道無形
貞蠱以幹含章不耀在割能斷情僞万㨾吾道一貫

帝選賢尹無以易張金印紫綬京兆之章佩我鳴玉冠我兩梁天子休命拜手以將寬而愛人立滅暴強明明天子哀此南畝將息西人遂覲東后我教我訓我鎮我守茳茳三秦則罔餬口守死以義徇生不苟王曰外弟視人不佻何以寵之手書以詔何以問之賜衣而朝俾人華胥致君帝堯刻石作頌永世弥昭

魏郡太守河北採訪處置使上黨苗公德政碑并序

五方殊俗魏風婉而其人舒九士異宜冀田壤而其賦錯前政有寬猛之異時令有班藝之差非夫酌舊典於可行啓新圖於必當多方而不失正一貫而或

從權曲成便人大抵厚俗選衆而舉非公而誰公先
自吏部侍郎出爲安康郡太守其載月日詔以公爲
魏郡太守河北道採訪處置使公諱某字某某郡縣
人也其出處本末弈世冠冕國史家諜詳焉凡邦伯
到官詔使按部或閉閤思政或下車作威或劾吏爲
明或移書示禁公異於是可略而言公素號鮮明積
有治行宿訟不決之務餘地剖分疑獄自誣之枉容
光立照故陋其思政也安全長吏不遂老丞成就諸
生先教小史導德齊禮有耻且格故鄙其作威也謝
亭長之問勞野次之賢吏悉謂爲神明人不隱其豪
髮故無事劾吏也列郡供職清節銷其過求諸曹報

簿直筆破其巧抵故不待移書也山東古之七雄河
北有其四國地方數千里人蓋億万計獻子三歎之
饋滋無舊德平原十日之飲顧有遺風朱亥袖鎚豪
雄扼腕曹王拂扃輕薄爲心奢泰擬都護之堂遲緩
學邯鄲之步公抑末技以敦本斥浮食以歸業督課
八政擇良吏以遣行講求六藉置學官於便坐於是
橫經左塾力穡先疇盡業農桑大興庠序家知禮義
更式段干之廬戶有京坻增修史起之趙叢臺歌舞
成市鄴郡帝王舊都衽眼靚糚挾筑怗屣淇上留客
河間數錢公課其組紃之庸制其婚嫁之節冶容絕
四方之袖織室致五匹之工刑於上官訓及處子鄭

聲衛樂共奔師襄趙帶燕裾思齊泳室漁陽騎客奏
報本朝艤海樓舩運漕絕域郊迎館給不敢遥其朔
荛水路陸衢盡若安於枕席其載月日詔賜紫袍玉
帶金魚袋衣若干副方伯十聰賴其澄清之響天子
七命賜以安吉之衣緹油屏車璽書增秩夫是過也
勝殘之化既成觀俗之風允穆優遊無士學官思歸
况乎父母之邦近在嬰兒之國表請拜掃有詔許焉
預約守宰無俟候至郡則拔刺上謁至邑則捨車
而徒㫌禮先塋惟心泣血迴趨長老稽顙緒言宗人
族姻姑黨姪行覿以重幣筐篚徧於里閭享有加牢
牛酒溢於衢陌朱軒駟馬燿於衡門紫綬雙龜出入

編户蘇公佩印始歸鄉里盡歡䟽傳散金不與子孫爲計迨乎將去仍以餘資一置里社備養生送死之具一置鄉校開閱禮敦詩之本相如衣錦且飛大漢檄書買臣懷紱不待長安厩吏故使巴蜀太守負弩前驅會稽守丞引章下拜此蓋恨不禮於他日思釋憾於故鄉是輕桑梓之人適騁斗筲之志豈若公自心而至率禮無違來悦去思推才降躰平陽傳舎不許望塵山陰吏卒詐聞治道富貴還鄉榮之至也揚名顯親孝之終也凡百君子無一至焉公當九伯之官兼八使之任深惣大躰不求於無虞於草切政成德舉風動神行須有勲臣旁典屬郡曩者風雲際會

攀附騰驤貪天之功以爲巳力謂國不忘尚嘉乃勳
宋父宣驕條侯倨貴當闢常從横恣不法帷帳狗馬
僭侈踰制公劾之則重傷國恩置之則大廢邦典於
是喻以禍福告之話言昔有不愛趙城將蹈滄海既
尊漢室願遂赤松功成不居道家所韙至於析珪分
組跨壤連州懷四術而自疑見九重而失望或寃家
上變司敗受辭朝享膏粱寧知獄吏暮成葅醢遍賜
諸侯難恃白馬之盟徒思黄犬之樂彫牆峻宇万乘
猶憚十僭紫衣狐裘一朝而數三罪雖嫌絳灌等列
不逾梁楚爲墟於是翕肩振驚折節受教杜門謝絶
賓客終身不紊紀綱以寬服人實在有德厥有挾左

道飛訛言南國青珠之符東海赤刀之術分風送客
割水飲人僞辯而納之於邪善誘而濟之以惡户外
多保乳之屨恐爲亂階門前無長者之車知其惑衆
公奉誅首惡悉宥面從丕弊要囚惟良折獄議士以
制不徵於書副丕仁之納隍用輕典於平國刑期不
濫人乃大安奏理計功天下小察責吏以實則舉其
不矜欲人自新則貫其宿負官以德舉政以禮成至
於賞善勸能正源端本齊風變魯蓋以悉禮名儒晉
盗奔秦豈俟多誅惡少納貢獻賦則唯恐居後疇庸
命賞則義不敢先布以聖恩奉宣明王之詔問其理
狀對用議曹之言邦家之光其斯謂矣年若干秀才

擢弟應制舉第若干等授其官歷其官若夫明眸白
晳玉潤珠耀美秀備於儀形風流發於言笑行之方
也留如守司智之圓也速若發括量包群有思入無
間壤壁古文曲臺遺禮淮王九師之易漢氏三家之
詩傅僻書滛鷹揚學府比文園入室之武同丞相登
科之策奏甚平讞詩窮綺靡硯燔紙貴虎視詞林嘗
奉和聖製雨中春望詩云雨後山川光正發雲端花
柳意無窮又奉和行幸詩云接仗風雲動迎軍鳥獸
無時人以爲鮑叅軍謝吏部爲吏生曰某年月日詔
除公河東太守兼採訪使官吏百姓等或守闕乞留
或遮道更借淚增時雨恩結仁風親愛之深諱名而

號爲父歌詠不足取姓以命其兒公旣去官多歷年所人思愈甚共立生祠異邑居而瓦合無契約而麕至恐不預於聚財懼不任乎輸力棠樹勿翦何如審像圖形桐鄉置祠豈比耳聞身及以此觀德何德之深乃建豐碑立於祠宇匍匐千里前後百輩求綴詞之客爲頌德之文維也竊比耋農不知舊史衆心所至難抑與於輿人予病未能不獲已於求我乃爲頌曰

禹別九州漢分八使寔爲方伯且曰連帥建節秉軺觀風察吏山東河北全趙大魏設方任能惟名與器蓋非其才孰享斯位天子命我導揚皇風敬敷勸學

通商惠工法去太甚政貴得中守丞差病小吏童蒙
督郵不遂傅士成功遂安賢者大啓儒宮四國之翰
一都之會平原舊俗信陵遺態傅寒以遊椎埋爲害
叢臺淇水燕裾趙帶淳化旁屬貞風傲載劈纊卷綃
横經秉耒清節峻邈碩量孔深投書置水酹酒捐金
樹德滋蔓持刑不濫訛言免坐倨貴懷音繡衣罷斧
墨綬停琴既比時雨當闔作霖申哀松栢致敬桑梓
伏謁公門徒行故里推心馬鬣啓顙䚕齒身紆紫綬
禮及童穉帝賜黃金盡於筐篚社養宗人學招邑子
能事具舉令問允穆璽書政印緹油轉轂辟挂胡牀
舍留官犢人吏老幼涕泗號哭頌德豐碑圖形華屋

閱實數美移暑更僕

故右豹韜衛長史賜丹州刺史任君神道碑
并序

君諱某字某其先奚仲之後於周爲卜正世有薛列
於諸侯氏則任鬱爲著族後有官於京兆者子孫因
家焉今爲万年縣人也遠祖某漢河東太守曾祖某
周清河太守先復舊職異世而同符祖某隋梁州南
鄭縣令父某皇石州離石縣令不墜象賢一門而二
凫舄皆爲政以德遺愛在人能高其門必有興者雖
不當代果生達人君離石府君之弟某子也膺一賢
之期鍾累葉之善忠孝自得稟乎天姿詩禮輔成潤

以庭訓文含四始雕虫之技附庸武有七德啼猿之
術居外明經者皓首弱歲成儒達法者腐脣端居曉
吏以鄉貢明經擢弟解褐益州新都縣尉居無何丁
毋憂廬以長號湲少於血杖而後起骨飾於形彈琴
不成從先王之禮捧笸便慟有終身之哀服闋授左
金吾衛兵曹參軍轉左衛録事參軍又遷右豹韜衛
長史王樂為用率武夫以扞城人愛其才稱君子之
爲衛方將冠章甫之冠衣縫掖之衣奏議雲臺論政
赤墀一見天子必為之前席三說大臣必為之解印
若端委以相六合盡宅心於帝庭授鉞董戎八鑾可
傳首於魏闕然後挂冠東都拂衣五湖高蹈煙虹笑

謝珪組天命不祐沮我良策春秋若干以其年月日
寢疾卒於永興里第其年月日葬於京兆神和原禮
也嗣子曰某善繼先志克成厥家多藝多才實英實
選匪寶寶十城之價不以力聞万夫之敵命同御座
漢帝以恩待故人超將中軍先軫以才登元帥以其
年月日從駕謁五陵天子若曰自古明王因心以孝
待人由巳以施物故休戚共憂樂同也其贈羽林將
軍任某父使持節丹州諸軍士丹州刺史欹其士則
命以始寵其身以及其親明主所以盡心忠臣所以
盡力故羊舌職悦是賞也陳力異代官成聖朝修文
下泉名在大爵前賢陰德雖貽慶於後昆亂子揚名

乃大顯於先父養則致樂没而有稱昔也爲士亨唯
將軍之食今則典邦葬亦諸侯之禮皇帝命之太史
書之報昊天之恩曾舉世未有豈與夫手樹行櫝躬
廬長松負土成墳傭身以葬匹夫之孝同年而語哉
君少有大略長而能賢安於仁樂於善厚生以儉守
智以愚視是所及筆硯盈庭其力文也容膝之外圖
書蒲屋其嗜學也八躰之能右軍曾未知翰五弦之
妙中散何擅於琴以禮庇身以清守官惟邦之彦惟
國之翰夫人河東裴氏始以某爲光禄也封河東郡
君及是又贈河東郡太君子之忠毋之教毋以子貴
不亦宜乎司文者執簡以往刋石旌德其詞曰

薛侯之裔兮代齊其美不殞其名是生碩德兮爲
世作程忠不祐孝不福兮早謝休明身爲士兮子爲
卿又將羽林兮統天兵天子寵兮爲崇榮贈我武符
兮賜我專城青松寂寂兮晝無人聲狗不吠雞不鳴
蒼茫千古兮孰云旌頼孝子兮揚音英

大唐故臨汝郡太守贈祕書監京兆韋公神

道碑銘 并序

亢士族而不顧赴五鼎而如歸徇千載之名輕一朝
之命烈士之勇也隱身流涕獄急不見南冠而縶遜
詞以免北風忽起刎頸送君智士之勇也種族其家
則廢先君之嗣戮辱及室則累天子之姻非苟免以

全其生思得當有以報漢弃身爲餌俛首入槀僞就
以亂其謀佯愚以折其僭謝安伺桓温之亟蔡邕制
董卓之邪然後吞藥自裁嘔血而死仁者之勇夫子
爲之公諱某字某京兆杜陵人也昔豕韋氏主盟於
商後扶陽侯重世相漢高祖某官父某某官並勲德
茂著史諜詳焉公即文貞公之仲子也初以宰相子
弁髦署吏抱拜授封加朝散大夫封平樂郡公累拜
某官丁文貞公憂又丁某國夫人憂無容顧禮殆不
勝喪終身之痛歷稔猶毀幼無童心長積純氣抱其
天素立于人紀先聖微言宿儒未辨貫穿精義揔括
旁說文言蔚於輿表筆態姃於方外子虛上林敢云

雄似黄庭圖扇方議鴈行鸖鼇之姿羊車奪映會選
公壻詔婚王室天家焜燿獨任素風時論騰踊宜在
右職乃拜中書舍人動飄風之詠啓迪古詩下流水
之書敦崇雅誥轉太常少卿六宗九奏悉具其儀天
神地祇可得而禮俄又親累貶巴陵太守稍遷壽春
太守又遷臨汝太守其理務教訓其政尚寬簡謂其
叙在六官又踐三事疇咨帝載必歌九功之德式和
人則必復三代之英天子避其用親蕣目惡其異巳
馮衍竟廢楊雄不遷抑古人而有之何夫子之命也
逆賊安禄山吠堯之犬驅彼六騾憑武之狐猶威百
獸藉天子之寵稱天子之官徵天子之兵逆天子之

命始反幽薊稍逼溫洛去誅君側尚惑人心列郡無
備百司安堵變折衝爲賊矣兼法令而盜之將進者
已落彀中謝病者先之死地密布羅網遥施窞穽舉
足便跌奮飛即佳智不能自謀勇無所致力賊使其
騎劫之以兵署之以職以孥爲質遣吏挾行公潰其
腹心候其間隙義覆元惡以雪大恥嗚呼上京旣駭
法駕大遷天地不仁穀洛方鬬鑿齒入國磨牙食人
君子爲投檻之猨小臣若喪家之狗僑疾將適以清
見囚勺歙不入者一旬纖溺不離者十月白刃臨者
四至赤棒辱者五人刀環築口戟被叉頸縛送賊庭
實賴天幸上帝不降罪疾遂賊惘寢在身無暇戮人

自憂爲厲公哀予微節私予以誠推食飯我致館休
我畢今日歡汔數行下示予佩玦斫手長吁座客更
衣附耳而語指其心曰積憤攻中流痛成疾恨不見
戮專車之骨梟枕鼓之頭焚骸四衢然臍三日見子
而死知余此心之明日而卒某年月日絶於洛陽某
之私第以某月日返葬於某源禮也皇帝中興悲憐
其意下詔褒美贈祕書監制曰去玄天下之人謂之
賞不失德矣公敦穆孝友明允篤誠高居化源濡跡
物軌元昆曰陟伯與仲居愛之欲無方視之若不足
薄其私而厚其室抑而已而讓其名故有靈芝聳蓋
嘉木連理時人以爲孝悌之祥而公昆季謙而不以

聞也維稚弱之契曠年弥篤吾實知之能言者乃爲

銘曰 銘亡

王摩詰文集卷第七

王摩詰文集卷第八

墓誌

并序

故任城縣尉裴府君墓誌銘 并序

天唐大安國寺故大德淨覺禪師碑銘 并序

光宅真空心王之四履建功無得法將之百勝故大瑰群籟無絃出法化之聲恒沙衆形爲寶嚴之色至如六師兆亂四諦徂征開甘露狹小之門出臭煙朽故之宅踞寶牀而揺白拂徐誘草庵伏金瓶而繫素繒遂登蓮座足使天口雄辯刮語燒書句目大儒搢仁擊義斯爲究竟孰不歸依禪師法名淨覺俗姓韋氏孝和皇帝庶人之弟中宗之時後宮用事女謁寝盛主柄潛移戚里之親固分珪組屬籍之外亦綰銀

黄況乎天倫將議封拜促尚方今鑄印命尚書使備

策詰朝而五土開國信宿而駟馬朝天禪師歎曰昔

我大師尚以菩提釋位今我小子欲以恩澤爲侯仁

遠乎哉行之卽是裂裳裹足以霄遁乞食飲口以兼

行入太行山削髮受具尋其禪師故蘭若居焉猛虎

故足毒地熏體山神獻果天女散花儋尒宴安曾無

喜懼先有涸泉枯栢至是布萊跳波東魏神泉應焚

香而忽湧北天衆果候飛錫而還生禪枝必復之徵

法水再興之象聞東京有頣大師乃脫屣戶前樞衣

座下天資義性半字敵於多聞宿植聖胎一瞬超於

累劫九次第定乘風雲而不留三解脫門揭日月而

常照雪山童子不顧芭蕉之身雲地比丘欲成甘蔗之種大師委運遂廣化緣海澄而龍頷珠明雷震而象牙花發外家公主長跪獻衣薦紳先生却行擁篲乞言於無說請益於又損天池盃水遍含秋月之輝草葉樹根皆霑宿雨之潤不窺世典門人與宣父中分不受人爵稟食與封君相比至於律儀細行屯米護持經典深宗毫釐剖析窮其三翼即入佛乘趣得一毛亦成僧寶於是同凡現疾處順將終忽謂衆人有疑皆問我於是夜當入無餘開口万言音和水馬踴身七樹光映天人如蹔出行泯然趺坐以其載月日歸大寂滅其月日遷神於少陵原赤谷蘭若香

油細氎用以荼毗合辟連珠爲之葬貝城門至於谷
口幡蓋相連法侶之與都人縞素相半叩膺拔鬚灑
水坌塵外堂入室之徒數踰七十破山澍海之哭聲
振三千則有僧某乙尼某乙故惠莊某氏某郡主賢
者某乙等各在衆中爲其上首或行如白雪或名亞
紅蓮或爲勝鬘夫人或是毗邪居士二空法外何處
進求七覺分中誰當洩釋猶依舍利冀獲菩提身塔
不出虎溪溪碑有同羊祜表心成相相非離於真如
敘德以言言豈著於文字乃爲銘曰
小三千界後五百年空秉玉牒莫覩金仙無量義處
如來之禪皆同目論誰契心傳其一弟在人間姊歸鳳

闕去日留釧別時剪鬖累錫金錢將加印紱忽尒霄遁終然兩絶其二救頭學道裏是尋師一花寶樹八水香池戒生忍草定長禪枝不疑少父更似嬰兒其三既立勝幡併摧邪網利眼金翅圓身寶掌巧撮死龍能調老象魔種敗壞聖胎長養其四四生滅度五陰虚空無說非異非同此身何處彼岸成功當觀水月莫怨松風其五

能禪師碑并序　秀人作

無有可捨是達有源無空可住是知空本離寂非動乘化用常在百法而無得周万物而不殆設袓海師不知菩提之行散花天女能變聲聞之身則知法本

不生因心起見見無可取法則常如世之至人有證
於此得無漏不盡漏度有爲非無爲者其惟我曹溪
禪師俗姓盧氏某郡某縣人也名是虛假不生族姓
之家法無中邊不居華夏之地善習表於兒戲利根
發於童心不私其身臭味於耕桑之侶苟行其道擅
行於蠻貊之鄉年若干事黃梅忍太師願竭其力即
安於井臼素刳其心獲悟於稊稗每大師登座學衆
盈庭中有三乘之根共聽一音之法禪師默然受教
曾不起予退省其私迴超無我其有猶懷渴鹿之想
尚求飛鳥之跡香飯未消弊衣仍覆皆曰升堂入室
測海窺天謂得黃帝之珠堪受法王之印大師心知

獨得謙而不鳴回何言哉聖與仁豈敢子曰賜也吾
與汝弗如臨終遂密授以祖師袈裟而謂之曰物忌
獨賢人惡出巳予巳死矣汝其行乎禪師遂懷寶迷
邦銷聲異域衆生爲浄土雜居止於编人世事是度
門混農商於勞侶如此積十六載南海有印宗法師
講涅槃經禪師聽於座下因問大義質以真乘既不
能酬翻從請益乃歎曰比身菩薩在此色身肉眼凡
大願開惠眼送領其屬盡詣禪居奉爲挂衣親自削
鬚於是大興法雨普灑密塵乃教人以忍曰忍者無
生方得無我始成於初發心以爲教首至於定無所
入慧無所依大身過於十方本覺超於三世根塵不

滅非色滅空行願無成即凡成聖舉足下足長在道
場是心是情同歸性海■告倦自息化城窮子無
疑直開寶藏其有不植德本難入頓門妄繫空花之
徃曽非惠日之咎常歎曰七寶布施等恒河沙億刧
修行盡大地墨不如無無爲之運無礙之慈引濟四大
生庶三有旣而道德遍覆名聲普聞泉館卉服之人
去聖歷刧塗身穿耳之國航海窮年皆願拭目於龍
象之姿忘身於鯨鯢之口駢立於户外趺坐於牀前
林是旃檀更無雜樹花惟薝蔔不嗅餘香皆以實歸
多離妄執九重延想万里馳誠思布髮以奉迎願乂
手而作禮則天太后孝和皇帝並勑書勸諭徵赴京

城禪師子牟之心敢忘鳳闕遠公之足不過虎溪固
以此辭竟不奉詔遂送百納袈裟及錢帛等供養天
王厚禮獻玉衣於幼人女后宿因施金錢於化佛尚
德貴物異代同符至其載月目中忽謂門人曰吾將
行矣俄而異香滿室白虹屬地飯食訖而敷坐沐浴
畢而更衣彈指不留水流燈焰全身永謝薪盡火滅
山明川竭鳥哭猿啼諸人唱言人無眼目列郡慟哭
世且空虛某月日遷神於曹溪安座於某所釋吉祥
之地不待情鳥變功德之林皆成白鶴嗚呼大師至
性淳一天姿貞素百福成相衆妙會心經行宴息皆
在正受談笑語言者無戲論故能五天重跡百越稽

首脩虵雄独毒螫之氣銷跳殳彎弓猜愲之目變畋
漁悉罷蠱酖知非多絶羶腥効桒門之食悉棄罟網
襲稻田之衣永惟浮圖之法實助皇王之化弟子曰
神會遇師於晚景聞道於長年廣量出於凡心利智
踰於宿學雖末後供樂最上乘光師所明有類獻珠
之願世人未識猶多抱玉之悲謂余知道以頌見託
偈曰
五蘊本空六塵非有衆生倒計不知正受蓮花承足
楊枝生肘苟利身心孰爲休咎其一至人達觀與佛齊
功無心捨有何處依空不著三界徒勞八風以茲利
智遂與宗通其二愍彼偏方不聞正法俯同惡類將興

善業教忍斷嗔脩慈捨獮世界一花祖宗六葉其三大
開寶藏明示衣珠本源常在妄轍遂殊過動不動離
俱不俱吾道如是道豈在吾其四道遍四生常依六趣
有漏聖智無義章句六十二種一百八喻悉無所得
應如是住其五

大薦福寺大德道光禪師塔銘并序

禪師諱道光本姓李綿州巴西人其先有特有雄者
實有蜀蓋子孫為民大父懷節隱峨嵋山行無轍跡
其季父榮為道士有文知名禪師幼孤在諸兒中其
神獨不俾家領苦之絕去詣鄉校見周孔書曰世教
耳誓苦行求佛道入山林割肉施鳥獸鍊指燒臂入

般般道場百日晝夜經行遇五臺寶監祖師曰吾周
行天下未有如尔可教遂密授頓教得解脫知見舍
空不域即動無朕不觀攝見順有離覺毛端族舉佛
刹掌上斷置世界不覩非各應度方知得其門者寡
故道俗之煩而息化城恒盡謂窮性海而已焉足知
恒沙德用法界真有哉春秋五十二凡三十二夏以
大唐開元二十七年五月二十三日入般涅槃於薦
福僧坊門人明空等建塔於長安城南畢原人天會
葬涕泗如兩禪師之不可得法如此其世行遺教如
一切賢聖維十年座下俯伏受教欲以毫末度量虛
空無有是處誌其舍利所在而已銘曰

嗚呼人天尊全身舍利在畢原

工部楊尚書夫人贈太原郡夫人京兆王氏

墓誌銘 并序

夫人諱某京兆霸城人也晉出三家公子尊於魏國秦亡六國時人謂之王家河南則分■人■華陰則差能當道髙沮德真皇左僕射祖九思京兆府三原縣令父潛河南府郜城縣令大名之後重光不替夫人令儀淑德發於天姿閱禮明詩傳乎世業言成女誡可著於縑緗行爲女師詎資於行待豈止彈琴吐論誦賦二詩而已及乎有行嬪于君子事姑至孝旁穆六姻爲母深慈均養七子男以無雙令德降帝

子於鳳樓女則第一解空歸法王之象教閨門之訓
朝野稱多旣而家列公侯地連妃主珠翠蒲座不御
采衣方丈盈前唯甘素食問德大師大照和上覩如
來之奧昭群有之源夫人一入空門便蒙法即牛車
紺櫺無復飾乘龍藏寶紅悉通了義惠用圓蒲誡力
堅嚴藥藉茹葷雖愈疾而不受心已久淨縱沒齒而
常安以其年月日奄歸大寂於長興里之私弟廞初
寢疾弥曠旬時駙馬上人柴毀骨立揮淚嘗藥身不
解衣泣血持經手不釋卷晝夜懺悔非上六時身命
供養寧唯七寶御醫繼踵中使重跡蒐兮不反空焚
外國之香生也有涯非無上天之樂某月日有詔追

贈太原郡夫人襄城石窌增寵其榮名翟茀魚軒空悲於象設以其月日安厝于某原禮也功德之至散花天女不留釋梵之筵勝鬘夫人何在嗚呼哀哉乃爲銘曰

天生淑德實俾寫家恃能柔順深弃嬌奢詎離環珮不御鉛華其一婦道允諧母儀貞美每仕誡夫停飡訓子賦掩西京書教內史其二門容高憲庭列長筵男乘翠鳳女比紅蓮繁華貴里寂寞安禪其三食必單笥衣無重采已庶愛河長游法海石寫靈封玉顏如在其四繁霜密雪碎蘂摧蘭山花喜靜[black mark]春寒平原松栢誰忍迴看其五

唐故京兆尹長山公韓府君墓誌銘 并序

嗚呼謂天未喪斯文宣尼去魯而無禄謂天果輔有德樂毅辭燕而不歸夫子勵順而終穆伯猶毀以請飾棺置境返葬於周公諱某字某本出昌黎今為京兆人也其先或方一衮赤舄介圭覲王朱英緑縢執訏擒敵周末謂侯相王始啓宜陽漢初功自定封亦荒岱郡曾祖某某官某乙祖某隱居不仕父某御史大夫太子賓客封長山公遁世者名高善卷黔婁事君者位至倪寬卜式公即長山府君之長子也神言有公侯之徵兒戲陳俎豆之法學成孫叔狀類咎繇工若于應文以經國舉甲科試右拾遺天禄閣校文

獻子雲之賦句馬生驟諫稱公高之官拜監察御史
兵部員外郎埋輪憲府奏記劾大將軍賜筆禮闈董
戎從小司馬轉度支郎中除給事中度錢穀之盈虛
以均九賦執制詔之可否以辨五書置王令於水源
豐國財於天府尋知吏部選事興廢繼絶不過前人
之光選賢授能必當庶尹之任旌乎淑慝御以清通
除許州刺史荊州大都督府長史山南採訪使坐南
陽令贓洪州都督遷蒲州刺史所履之官政皆尤異
黜陟使奏課弟一徵爲京兆尹外家公主敢縱蒼頭
廬兒黠吏惡少自擒赭衣偷長恥用鉤距得情好以
春秋輔議奏事盡成律令爲吏飾以文儒上悅其純

方委以政頃坐營谷口 別業貶高平太守又坐長安
令有罪貶吴興郡别駕諸葛田園未啓明主華陰傾
巧卒敗名儒天寶九載六月二十一日寢疾薨於官
舍享年六十有五暨國家推五運之紀按千歲之統
開繹天地與之更始宥万方之未招蘇叙百官之卒
爵秩苟有位者咸得預焉而公泯然不見及也盧蒙
大賴重以爲哀夫人河東柳氏父某某官言妃齊侯
實惟宋子人傳夫人之禮家有大家之書以開元五
年六月五日先公而卒以天寶十載十月二十四日
合祔陪於藍田鹿原長山公先塋禮也長子曰某居
憂而卒次子某嗣子其前殿中侍御史貶晉陵郡司

户次子某等倚廬野次方銜枕言之哀輿襯歸來尚
抱長沙之謔公子之輸力王室公之紀勳太常言於
國竭情無私𤂢於家陳信無愧降年不永非命而何
誌則有由或題季子之墓宅不攺卜素有滕公之銘
銘曰
帝問發之苗裔兮受介圭以建侯中裂土以分晉又
王韓兮目旣有此内美幼忠信兮爲乘登麒麟兮刪
白虎冠獬豸兮奮蒼鷹朝含香兮禮闈夕青瑣兮黄
扉方天公兮谿啓建出敉兮高麾俄入守兮京兆賜
黄金兮被皂衣捐余珮兮江中隱思若兮不可窮歌
泰山兮不返夢濟洹兮遂空素車兮逶遲宛鄉關兮

故侍望國門兮不入到秦山兮不知瞻舊域兮松楸
平原夕兮素滻愁魂兮歸來江南不可以人留

唐故潞州刺史王府君夫人滎國夫人墓誌

銘并序

夫人姓盧氏范陽人也昔堯命伯夷典秩宗號太常爲尚父桓襄之祭公子食盧邱金故人王於大國越石從事官至中郎曾祖士會隋行臺侍御史祖某皇朝奉禮郎父某豪淄邛等三州刺史持斧衣繡威加不法奠玉瘞帛舉無違禮守臨淄而齊兒不詐去臨邛而蜀物盡留夫人即府君之長女積累世之德鍾二門之美儀表秀整進止詳閑不咨保傅動由詩禮

旣以士旋冠時遂歸齊大之偶入持門户内事舅姑
梡席温凊於堂上環珮逶迤於堂下不脱簪珥親當
滫瀡玄纁可實於筐篚粢盛可獻於宗廟魚軒或駕
翟茀而朝衆婦於是脩容天人專之以禮克贊君子
累至大官雅政清德實多左右潞州早世深秉義方
母儀而則庭訓不替女史之學多讀大家之書衆婦
之儀盡禀夫人之法天與盛德不降永年以某月日
寢疾薨於長安善和里享年若干以某月日合祔其
山原禮也子某某官淳孝之性泣血待盡永惟令德
固不可泯彰示後爲刋于石銘曰
有姜之後或色於廬歷代種德示有稱狐從事文府

悵戀長途其一 憲府持法奉常秉禮皇考專城胥章郡邸厚德重跡深仁繼躰其二 降生哲人其行惟惇儀形衆庶門冠諸姻齊姜宋子敢望清塵其三 君子之貳賓聞高義乃躬澣濯先晨簪珥穆及外親敬是中饋其四 珠儀既峻庭訓載揚子以才貴煌煌寵章馳暉難駐令問空長其五 壽宮既啓高堂永寂千秋万古山川松栢紀德誌行唯兹貞石其六

汧陽郡太守王公夫人安喜縣君成氏墓誌銘并序

夫人字某某郡人也其先周成王之後古之錫姓命氏或以先父之識官或因始祖之名謚漢魏以降史

諱詳焉曾祖休寧某官祖某某官襲封常山公貳公
執帛調護儲闈九伯剖符典司方岳漢雄左輔實拜
翁歸周命僕臣惟茲伯囧夫人即太僕府君之弟二
女也世有明訓家無遺德蕙心紈質豈曰師成螓首
蛾眉柳雅天與同雲降雪常聞柳絮之詩獻歲發春
即賦椒花之頌言事姑舅宜其家室寢門纔闢笄六
珈而問安擊鍾未睎具入籩而獻饋滌朱與綠不愆
公子之衣采藻及蘋有甚季姜之祭魚軒翟茀爲諸
侯之夫人鳴珮垂環對有國之君子綺疏寓目助選
賢人青帳藩身用酬高論善持門户能睦族姻誠良
人之從畋不嘗原獸訓愛子之爲政遂返池魚言成

大家之書行爲衆婦之法至於彈琴製賦纂組攻書具舉百事之能仍居四德之外嗚呼降年不永春秋五十以其載月日薨於長安平康里之私第某月日祔于咸陽淇瀆原之先塋禮也不獲偕老空傷奉倩之神未始有生誰達莊周之理長子灞前某官次子澄某官次曰某某官及女等連連泣血勞勞在疚哀纏聖善痛七子之無依文叙塞淵冀九原之可識乃爲銘曰

齊侯之子兮衛侯之妻膚如凝脂兮手如柔荑奉初之嘉訓兮淑德日躋供養兮姑舅簪珥問安兮先夜漏[illegible]兮玄纁具五獻兮籩豆翟茀兮錦衣駕魚

軒方來歸從如雲兮藹中闈忽形沈兮影絶夫傷神
兮子泣血悲餘澤兮猶在怨廻紋兮未滅返葬兮咸
陽寒天暮兮渭水長嗟梧桐兮半死無雙飛兮鳳皇

故任城縣尉裴府君墓碑銘

天寶二年正月十二日唐故魯郡任城縣尉河東裴
府君卒於西京新昌坊私第享年三十九嗚呼哀哉
君諱回字玉温河東聞喜人也曾祖引春皇雍州録
事參軍贈上黨長史祖思義皇侍御史吏部員外左
司郎中户部吏部侍郎河東郡太守晉城縣開國子
父敭珍皇薛王府騎曹參軍自晉已降世爲冠族令
德不替以至於君夫其事親孝兄弟順與朋友信其

從政公平而壽不中年官才一命慈母在堂諸弟未
仕兒未有識女且嬰孩妻夭於前身歿於後天可問
邪其若差親何其若季仲諸孤何生人之悲莫甚於
是家貧祭以棗脯殮以時服以某年月日祔葬於鳳
棲原先府君之塋嗚呼有河東裴子之墓誌之蓋古
有之繼後之知者亦何有哉銘曰
一死兮紀終天不復爲之柰何哀哀慟哭覆載至廣
庶類繁育万物去春 就于木温時何之山川陵陵
門纔關笄六珈而問安擊鍾未
睎具入籩而獻饋湪朱輿緑不愆公子之衣採藻及
蘋有甚季姜之祭魚軒巖蕬諸侯之夫人鳴珮垂環

對有國之君子綺疏寓目䀝選長聊弔釣拒得情好
以春秋輔義奏事盡成律令爲吏飾以文儒上悅其
純方倚以政須坐營谷口別業貶高平太守又坐安
令有罪貶吴興郡別駕諸葛田園未啓明主華陰傾
巧卒敗名儒天寶九載六月二十一日寢疾薨於官
舍享年六十有五曁國家推五運之紀按千歲之紘
開釋天地與之更始有万方之未昭蘇敘百官之喪
職秩苟有位者咸得預焉而公泯泯然不良及也虛蒙
大賴重以爲哀夫人河東栁氏祖某其官言配齊侯
實惟來子人傳夫人之禮家有大家之書以開元五
年五月六日先公而卒至是以天寶十載十月二十

四日合祔于藍田白鹿原長山公先塋禮也長子曰
某官居憂而卒子某嗣子某前殿中侍御史兼晉陵
郡司户次子某等倚廬野以方銜枕野之哀興櫬歸
來尚抱長沙之譴公之輸力王室公之紀勳太常官
於國竭情無私理於家陳信無媿降年不永非命而
何誌則有由或題季子之墓長跋上素有滕公之銘
銘曰闕

王摩詰文集卷第八

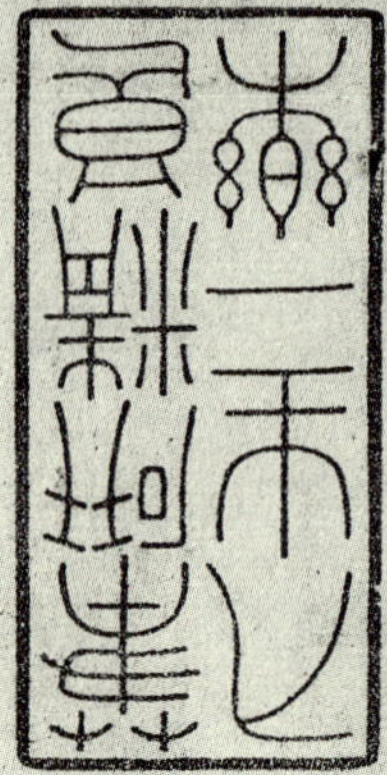

王摩詰文集　九卷　十卷　北宋本　第六冊

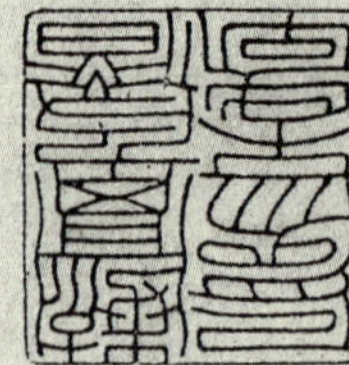

王摩詰文集卷第九

雜詩

送魏郡李太守赴任

與君伯氏別又欲與君離君行無幾日當復隔山陂蒼茫秦川盡日落桃林塞獨樹臨關門黄河向天外前經洛陽陌宛洛故人稀故人離別盡淇上轉驂騑企予悲送遠惆悵睢陽路古木官渡平秋城鄴宫故想君行縣日其出從如雲遥思魏公子復憶李將軍

送祕書朝監還日本國

積水不可極安知滄海東九州何處遠万里若乗空向國惟看日歸帆但信風鼇身映晚黒魚眼射波紅

鄉樹扶桑外主人孤島中別離方異域音信若為通

祢郎中

東郊春草色驅馬去悠悠況復鄉山外猿啼湘水流島夷傳露坂江館候鳴騶卉服為諸吏珠官拜本州孤鶯吟遠墅野杏發山郵早晚方歸奏南中纔忌秋

送李判官赴江東

聞道皇華使方隨皂蓋臣封章通左語冠冕化文身樹色分楊子潮聲滿富春遙知辨璧吏恩到泣珠人

送康太守

城下滄江水江邊黃鶴樓朱欄將粉堞江水映悠悠鐃吹發夏口使君居上頭郭門隱楓岸候吏趨蘆洲

何異臨川郡還勞康樂侯

送陸負外

郎署有伊人居然古人風天子顧河北詔書除征東
拜手辭上官緩步出南宮九河平原外七國薊門中
陰風悲枯桑古塞多飛蓬万里不見虜蕭條胡地空
無爲費中國更欲邀奇功遲遲前相送握手詰異同
行當封侯歸肯訪商山翁

送封太守

忽解羊頭削聊馳熊首轓揚舲發夏口按節向吴門
帆映丹陽郭楓藏赤岸村百成多候吏露冕一何尊

送王尊師歸蜀中拜掃

大羅天上神仙客濯錦江頭花栁春不爲碧雞稱使
者唯令白鶴報鄉人

送崔五太守

長安廐吏來到門未央露綱動行軒黄花縣西九折
坂玉樹南宫五丈原褒斜谷中不容幰唯有白雲當
露冕子午山裏杜鵑啼嘉陵水頭行客飯劍門忽斷
蜀川開万井雙流滿眼來霧中遠樹刀州出天際澄
江巴字迴使君年幾三十餘少年白皙專城居欲持
畫省郎官草迴與臨卭父老書

送宇文太守赴宣城

遼落雲外山迢遥舟中賞鐃吹發西江秋空多清響

地廻古城蕪月明寒潮廣時賽蔛亭神復解罟師網
何處寄相思南風摇五兩

送嚴秀才還蜀

寧親為令子似舅即賢甥別路經花縣還鄉入錦城
山臨青塞斷江向白雲平獻賦何時至明君憶長卿

送李睢陽

將置酒思悲翁使君去出成東麦漸漸雉子班槐
陰到童關騎連連
車連連心中悲宋又遠周間之南淮夷東齊兒碎碎
織練與素絲遊人賈客信難時五穀前熟方可為下
車閉閤君當思天子當殿儼衣裳太官尚食陳羽觴

彤庭散綬垂鳴璫黃紙詔書出東廂輕紈疊綺爛生

光宗室子弟君最賢分憂當爲百辟先布衣一言相

爲死何况聖主恩如天鸞聲噦噦魯侯旂明年上計

朝京師須憶今日斗酒别慎勿富貴忘我爲

送張判官赴河西

單車曾出塞報國敢邀勲見逐張征虜今思霍冠軍

沙平連白雪蓬卷入黃雲慷慨倚長劒高歌一送君

送岐州源長史歸同在崔常侍幕中時常侍已歿

握手一相送心悲安可論秋風正蕭索客散孟嘗門

故驛通槐里長亭下董原征西舊從此旌節向河源

送綦毋秘書弃官還江東

明時久不達弃置與君同天命無怨色人生有素風
念君拂衣去四海將安窮秋天万里淨日暮澄江空
清夜何悠悠扣舷明月中和光魚鳥際澹尔蒹葭叢
無庸客昭世衰鬢白如蓬頑疎暗人事僻陋遠天聰
微物縱可採其誰爲至公余亦從此去歸耕爲老農

送張道士歸山

先生何處去王屋訪茅君別婦留丹訣驅雞入白雲
人間若剩住天上復離群當作遼城鶴仙歌使尔聞

送元二使安西

渭城朝雨裛輕塵客舍青青柳色春勸君更盡一杯
酒西出陽關無故人一作依依楊柳春

奉送六舅歸陸渾

伯舅吏淮泗卓魯方喟然悠哉自不競退耕東皋田條桑臘月下種杏春風前酌醴賦歸去共知陶令賢

送方尊師歸嵩山

仙官欲住九龍潭毛節朱旛倚石龕山壓天中半天上洞穿江底出江南瀑布杉松常帶雨夕陽彩翠忽成嵐借問迎來雙白鶴已曾衡岳送蘇躭

同崔興宗送瑗公

言從石菌閣新下穆陵關獨向池陽去白雲留故山綻衣[illegible]裏浣鉢古松間一施傳心法唯將戒定還

同前　崔興宗

行苦神亦秀泠然溪上松銅瓶與竹杖來自祝融峯
常願入靈岳藏經訪遺蹤南歸見長老且爲説心胷

送錢少府還藍田

草色日向好桃源人去稀手持平子賦目送老萊衣
每候山櫻發時同海鸞歸今年寒食酒應是返柴扉

留别錢起

早栖却得性每與白雲歸徊祿仍懷橘看山免采薇
暮禽先去馬新月待開扉霄漢時迴首知音青瑣闈

送丘爲往唐州

宛洛有風塵君行多苦辛四愁連漢水百口寄隨人
槐色陰清晝楊花惹暮春朝端肯相送天子繡衣臣

留別丘爲

歸鞍白雲外繚繞出前山今日又明日自知心不閑

親勞簪組送欲趁鶯花還一步一迴首遲遲向近關

送允中丞轉運江淮

薄賦歸天府輕徭賴使臣歡霑賜帛老恩及卷綃人

去問珠官俗來經石刼春東南高亭上莫使有風塵

送別

下馬飲君酒問君何所之君言不得意歸卧南山陲

但去莫復問白雲無盡時

送張五歸山

送君盡惆悵復送何人歸幾日同携手一朝先拂衣

東山有茅屋幸爲掃荆扉當亦謝官去豈令心事違

齊州送祖三

相逢方一笑相送還成泣祖帳已傷離荒城復愁入天寒遠山淨日暮長河急解纜君已遥望君猶佇立

送别

送君南浦淚如絲君向東州使我悲爲報故人顦顇盡如今不似洛陽時

送崔九興宗遊蜀

送君從此去轉覺故人稀徒御猶迴首田園方掩扉出門當旅食中路授寒衣江漢風流地遊人何歲歸

送熊九赴任安陽

魏國應劉後寂寥文雅空漳河如舊日之子繼清風
阡陌銅臺下閭閻金虎中送車盈灞上輕騎出關東
相去千餘里西園明月同

送崔興宗

己恨親皆遠誰憐友復稀君王未西顧遊宦盡東歸
塞迥山河靜天長雲樹微方同菊花節相待洛陽扉

送縉雲苗太守

手疏謝名王簪草爲長吏方從會稽郊更發汝南騎
按節下松陽清江響鐃吹露冕見三吳方知百城貴

送李太守赴上洛

商山包楚鄧積翠藹沈沈驛路飛泉灑關門落照深

野花開古戍行客響空林板屋春多雨山城晝欲陰
丹泉通號略白羽抵荆岑若見西山爽應知黄綺心

送從弟蕃遊淮南

讀書復騎射帶劒遊淮陰淮陰少年輩千里遠相尋
高義難自隱明時寧陸沈島夷九州外泉館三山深
席帆聊問罪卉服盡成擒歸來見天子拜爵賜黄金
忽思鱸魚膾復有滄州心天寒蒹葭渚日落雲夢林
江城下楓葉淮上聞秋砧送歸青門外車馬去駸駸
惆悵新豐樹空餘天際禽

送平澹然判官

不識陽關路新從定遠侯黄雲斷春色晝角起邊愁

瀚海經年到交河出塞流須令外國使知飲月支頭

送孫秀才

帝城風日好況復建平家玉枕雙文簟金盤五色瓜
山中無魯酒松下飯胡麻莫猒田家苦歸期遠復賒

送韋評事

欲逐將軍取右賢沙場走馬向居延遥知漢使蕭關
外愁見孤城落日邊

送權二

高人不可有清論復何深一見如舊識一言知道心
明時當薄宦解薛去中林芳草空隱處白雲餘故岑
韓侯久攜手河岳共幽尋悵別千餘里臨堂鳴素琴

送高道弟躭歸臨淮作座上成

少年客淮泗落魄居下邳遨遊向燕趙結客過臨淄
山東諸侯國迎送紛交馳自尔猒遊俠閉户方垂帷
深明戴家禮頗學毛公詩備知經濟道高卧陶唐時
聖主詔天下賢人不得遺公吏奉纁組安車去茅茨
君王蒼龍闕九門十二逵羣公朝謁罷冠劒下丹墀
野鶴終踉蹌威鳳徒參差或問理人術但致還山詞
天書降北闕賜帛歸東菑都門謝親故行路日逶遲
孤帆万里外淼漫將何之江天海陵郡雲日淮陰祠
杳冥滄洲上蕩漭無人知緯蕭或賣藥出處安能期

送劉司直赴安西

絶域陽關道胡沙與塞塵三春時有鴈万里少行人
苜蓿隨天馬蒲萄逐漢臣當令外國懼不敢覓和親

送別

聖代無隱者英靈盡來歸遂令東山客不得顧采薇
既至金門遠孰云吾道非江淮度寒食京洛縫春衣
置酒臨長道同心與我違行當浮桂棹未幾拂荊扉
遠樹帶行客孤城當落暉吾謀適不用勿謂知音稀

靈雲池送從弟

金杯緩酌清歌轉畫舸輕移艷舞迴自歎鶺鴒臨水
別不同鴻鴈向池來

送趙都督赴代州 得青字

天官動將星漢沚柳條青万里鳴刀斗三軍出井陘
志身辭鳳闕報國取龍庭豈學書生輩窻中老一經

臨高臺送黎拾遺

相送臨高臺川原杳何極日暮飛鳥還行人去不息

送方城韋明府

遥思葭菼際遼落楚人行高鳥長淮水平蕪故郢城
使車聽雉乳縣鼓應雞鳴若見州從事無嫌手板迎

送李貟外賢郎

少年無處去負米上銅梁借問阿戎父知爲童子郎
魚牋請詩賦橦布作衣裳薏苡扶衰疾歸來幸可將

送梓州李使君

万壑樹參天千山響杜鵑山中一半雨樹杪百重泉
漢女輸橦布巴人訟芋田文翁翻教授不敢倚先賢

送楊少府貶郴州

明到衡山與洞庭若爲秋月聽猿聲愁看北渚三湘
客悪説南風五兩輕青草瘴時過夏口白頭浪裏出
湓城長沙不久留才子賈誼何須弔屈平

送張諲歸宣城

五湖千万里況復五湖西漁浦南陵郭人家春穀溪
欲歸江淼淼未到草萋萋憶想蘭陵鎮可宜猨更啼

送友人南歸

万里春應盡三江鴈亦稀連天漢水廣孤客郢城歸

郎國稻苗秀楚人菰菜肥懸知倚門望遥識老萊衣

送賀遂員外外甥

南國有歸舟荆門泝上流蒼茫葭菼外雲水與昭丘檣帶城烏去江連暮雨愁猿聲不可聽莫待楚山秋

送楊長史赴果州

褒斜不容幰之子去何之鳥道一千里猿啼十二時官橋祭酒客山木女郎祠別後同明月君應聽子規

送張舍人佐江州同薛璩十韻 走筆成

束帶趨承明守官唯謁者清晨聽銀蚪薄暮辭金馬受辭未嘗易當是方知寡清範何風流高文有風雅忽佐江上州當自潯陽下逆旅到三湘長途應百舍

香爐遠峯出石鏡澄湖瀉董鳳杏成林陶潛菊誰把
范蠡常好之廬山我心也送君思遠道欲以數行灑

送韋大夫東京留守

人外遺世慮空端結遐心曾是巢許淺始知堯舜深
蒼生詎有物黃屋如喬林上德撫神運冲和穆宸襟
雲雷康屯難江海遂飛沉人工寄人英龍衮瞻君臨
名器苟不假保釐固其任素質貫方領清景照華簪
慷慨念王室從容獻官箴雲旗蔽三川畫角發龍吟
晨揚天漢聲夕卷大河陰窮人業已寧逆虜遺之擒
然後解金組拂衣東山岑給事黃門省秋光正沉沉
壯心與身退老病隨年侵君子從相訪重玄其可尋

送邢桂州

鐃吹喧京口風波下洞庭赭圻將赤岸擊汰復揚舲
日落江湖白潮来天地青明珠歸合浦應逐使臣星

送宇文三赴河西充行軍司馬

横吹雜繁笳邊風卷塞沙還聞田司馬更逐李輕車
蒲類成秦地莎丘屬漢家當令犬戎國朝聘學昆邪

山中送别

山中相送罷日暮掩柴扉春草明年緑王孫歸不歸

資聖寺送甘二

浮生信如寄薄宦夫何有来往本無歸别離方此受
柳色藹春餘槐陰清夏首不學御溝上銜悲執杯酒

送孫二

郊外誰相送夫君道術親書生鄒魯客才子洛陽人祖席依寒草行車起暮塵山川何寂寞長望淚霑巾

送崔三往密州覲省

南陌去悠悠東郊不少留同懷扇枕戀獨念倚門愁路繞天山雪家臨海樹秋魯連功未報且莫蹈滄州

送沈子歸江東

楊柳渡頭行客稀罟師盪槳向臨圻唯有相思似春色江南北去送君歸

送丘爲落第歸江東

憐君不得意況復柳條春爲客黃金盡還家白髮新

五湖三畝宅萬里一歸人知爾不能薦羞爲獻納臣

留别山中温古上人兄并示舍弟縉

解薛登天朝去師偶時哲豈唯山中人兼負松上月宿昔同遊止致身雲霞末開軒臨潁陽臥視飛鳥沒好依盤石飯屢對瀑泉渴理齊小狎隱道勝寧外物舍弟官崇高宗兄比削髮荆扉但灑掃乘閑當過歇

觀音者

青青楊栁陌陌上别離人愛子遊燕趙高堂有老親不行無可養行去百憂新切切委兄弟依依向四鄰都門譚餘畢從此謝親賓揮涕逐前侶含悽動征輪車徒望不見時見起行塵吾亦辭家久看之淚滿巾

别弟縉後登青龍寺望藍田山

陌上新别離蒼茫四郊晦登高不見君故山復雲外
遠木蔽行人長天隱秋塞心悲宦遊子何處飛征蓋

别輞川别業

依遲動車馬惆悵出松蘿忍别青山去其如緑水何

同前　　　王縉

山月曉仍在林風凉不絶殷勤如有情惆悵令人别

别弟妹二首

兩妹日成長雙鬟將及人已能持寶瑟自解掩羅巾
念昔别時少未知疏與親今来始離恨拭淚方殷勤
小弟更孩幼歸来不相識同居雖漸慣見人猶未覓

宛作越人語殊甘水鄉食別此最爲難淚盡有餘憶

崔九弟欲往南馬上口號與別

城隅一分首幾日還相見山中有桂花莫待花如霰

同前　裴迪

歸山深淺去須盡丘壑美莫學武陵人蹔遊桃源裏

留別　崔興宗

駐馬欲分襟清寒御溝上前山景氣佳獨往還惆悵

別綦毋潛

端笏明光宮歷檢朝雲陛詔刊延閣書高議平津邸適意輕偶人虛心削繁禮盛得江左風弥工建安軆高張多絕絃截河有清濟嚴冬爽群木伊洛方清泚

渭水水下流潼關雪中啓荷篠幾時還塵纓待君洗

新晴野望

新晴原野曠極目無氛垢郭門臨渡頭村樹連溪口
白水明田外碧峯出山後農月無閑人傾家事南畝

漢江臨汎

楚塞三湘接荆門九派通江流天地外山色有無中
郡邑浮前浦波瀾動遠空襄陽好風月留醉與山翁

登辨覺寺

竹逕從初地蓮峯出化城窻中三楚盡林上九江平
軟草承趺坐長松響梵聲空居法雲外觀世得無生

凉州郊外遊望

野老纔三戸邊村少四鄰婆娑依里社簫鼓賽田神
灑酒澆芻狗焚香拜木人女巫紛屢舞羅襪自生塵

觀獵

風勁角弓鳴將軍獵渭城草枯鷹眼疾雲盡馬蹄輕
忽過新豐市還歸細柳營迴看射鵰處千里暮雲平

遊化感寺

翡翠香煙合琉璃寶地平龍宮連棟宇虎穴傍簷楹
谷靜唯松響山深無鳥聲瓊峯當戸拼金澗透林明
郢路雲端迥秦川雨外晴鳳王銜菓獻鹿女踏花行
斗擻辭貧里歸依宿化城遶籬生野蕨空館發山櫻
香飯青菰米嘉蔬紫芋羹誓陪清梵末端坐學無生

遊悟真寺

聞道黄金地，仍開白玉田。擲山移巨石，呪嶺出飛泉。猛虎同三逕，愁猿學四禪。買香燃緑桂，乞火踏紅蓮。萓色摇霞上，松聲泛月邊。山河窮百二，世界滿三千。梵宇聊憑視，王城遂眇然。灞陵才出樹，渭水欲連天。遠縣分朱郭，孤村起白煙。望雲思聖主，披露憶群賢。得官慚尸素，終身擬尚玄。誰言草庵客，曾和栢梁篇。

寒食城東即事

清溪一道穿桃李，演漾緑蒲涵白芷。溪上人家凡幾家，落花共落東流水。蹴踘屢過飛鳥上，鞦韆競出垂楊裏。少年分日作遨遊，不用清明兼上巳。

春日上方即事

好讀高僧傳時看辟穀方鳩形將刻杖龜殼用支牀

柳色春山映花明夕鳥藏此窗桃李下閑坐但焚香

晦日遊大理寺韋卿城南別業四聲次用各六韻

與世澹無事自然江海人側聞塵外遊解驂輟朱輪

平野照暄景上天垂春雲張組竟北阜泛舟過東隣

故鄉信高會牢醴及佳辰幸同擊壤樂心荷堯爲君

一作家目

外居杜陵下永日同攜手人里靄川陽平原見峯首

園廬鳴春鳩林薄媚新柳上卿始登席故老前爲壽

臨當游南陂約略執杯酒歸歟絀微官惆悵心自咎

冬中餘雪在墟上春流駛風日揚懷抱山川好天氣彫胡先晨炊庖膾亦後至高情浪海嶽浮生寄天地君子外簪纓埃塵良不啻所樂衡門中陶然忘其貴高館臨澄陂曠然蕩心目澹淡動雲天玲瓏映墟曲鵲巢結空林雉雊響幽谷應接無閑暇徘徊以躑躅紆組上春堤側弁倚喬木弦望忽已晦後期洲應綠

冬日遊覽

步出城東門試騁千里目青山橫蒼林赤日團平陸渭北走邯鄲關東出函谷秦地万方會來朝九州牧雞鳴咸陽中冠蓋相追逐丞相過列侯羣公餞光祿相如方老病獨歸茂陵宿

氿前

秋空自明逈況復遠人間揚以沙際鸛兼之雲外山

登陂澹將夕清月皓方閑此夜任孤棹夷猶殊未還

遊李山人所居因題屋壁

世上皆如夢狂來或自歌問年松樹老有地竹林多

藥倩韓康賣門容尚子過翻嫌枕席上無那白雲何

與盧蘇二員外期遊方丈寺而蘇不至因有

是作

共仰頭陁行能忘世諦情迴看雙鳳闕相去一牛鳴

法向空林說心隨寶地平手巾花𣯶淨香帔稻畦成

聞道邀同舍相期宿化城安知不來往翻得似無生

登河北城樓作

井邑傅巖上客亭雲霧閒高城眺落日極浦映蒼山

岸火孤舟宿漁家夕鳥還寂寥天地暮心與廣川閒

登裴秀才迪小臺

端居不出户蒲目望雲山落日鳥邊下秋原人外閑

遥知遠林際不見此簷間好客多乘月應門莫上關

王摩詰文集卷第九

王摩詰文集卷第十

逆旅　雜題　哀傷　詩八十九首

曉行巴峽

際曉投巴峽，餘春憶帝京。晴江一女浣，朝日衆雞鳴。水國舟中市，山橋樹杪行。登高万井出，眺迥二流明。人作殊方語，鶯爲舊國聲。賴諳山水趣，稍解別離情。

一本作衆禽鳴

出塞作　時爲監察塞上作

居延城外獵天驕，白草連天野火燒。暮雲空磧時驅馬，秋日平原好射鵰。護羌校尉朝乘障，破虜將軍夜渡遼。玉靶角弓珠勒馬，漢家將賜霍嫖姚。

自大散已往深林密竹蹬道盤曲四五十里

至黃牛嶺見黃花川

危逕幾万轉數里將三休迴環見徒侶隱映隔林丘

颯颯松上雨潺潺石中流靜言深溪裏長嘯高山頭

望見南山陽白露靄悠悠青皐麗已淨綠樹鬱如浮

曾是厭蒙密曠然消人憂（一作南陽川）

被出濟州

微官易得罪謫去濟州陰執政方持法明君無此心

閭閻河潤上井邑海雲深縱有歸來日多愁年鬢侵

休假還舊業便使

謝病始告歸依依入桑梓家人皆佇立相候衛門裏

時輩皆長年成人舊童子上堂嘉慶畢顧與姻親齒
論舊忽餘悲目存且相喜田園轉蕪沒但有寒泉水
衰柳日蕭條秋光清邑里入門乍如客休騎非便止
中飲顧王程離憂從此始

早入滎陽界

泛舟入滎澤茲邑乃雄藩河曲閭閻隘川中煙火繁
因人見風俗入境聞方言秋野田疇盛朝光市井喧
漁商波上客雞犬岸傍村前路白雲外孤帆安可論

寒食汜上作

廣武城邊逢暮春汶陽歸客淚沾巾落花寂寂啼山
鳥楊柳青青渡水人

宿鄭州

朝與周人辭暮投鄭人宿他鄉絕儔侶孤客親僮僕宛洛望不見秋霖晦平陸田父草際歸村童雨中牧主人東皐上時稼遶茅屋虫思機杼悲雀喧禾黍熟明當渡京水昨晚猶金谷此去欲何言窮邊食微祿

千塔主人

逆旅逢佳節征帆未可前窗臨汴河水門渡楚人船雞犬散墟落桑榆蔭遠田所居人不見枕席生雲煙

使至塞上

單車欲問邊屬國過居延征蓬出漢塞歸鴈入胡天大漠孤煙直長河落日圓蕭關逢候吏都護在燕然

渡河到清河作

汎舟大河裏積水窮天涯天波忽開拆郡邑千万家
行復見城市宛然有桑麻廻瞻舊鄉國淼漫連雲霞

苦熱

赤日滿天地火雲成山岳草木盡燋卷川澤皆竭涸
輕紈覺衣重密樹苦陰薄莞簟不可近絺綌再三濯
思出宇宙外曠然在寥廓長風万里來江海蕩煩濁
卻顧身為患始知心未覺忽入甘露門宛然清涼樂

納涼

喬木万餘株清流貫其中前臨大川口豁達來長風
漣漪涵白沙素鮪如遊空偃卧盤石上翻濤沃微躬

潄流復濯足前對釣魚翁貪餌凡幾許徒思蓮葉東

濟上四賢詠三首

崔録事

解印歸田里賢哉此丈夫少年曾任俠晚節更爲儒遁世東山下因家滄海隅已聞能狎鳥余欲共乘桴

成文學

竇劍千金裝登君白玉堂身爲平原客家有邯鄲倡使氣公卿坐論心遊俠塲中年不得志謝病客遊梁

鄭霍二山人

翩翩繁華子多出金張門幸有先人業早蒙明主恩童年且未學肉食鶩華軒豈乏中林士無人薦至尊

鄭公老泉石霍子安丘樊賣藥不二價著書盈万言
息陰無悪木飲水必清源吾賤不及議斯人竟誰論

偶然作六首

楚國有狂夫茫然無心想散髮不冠帶行歌南陌上
孔丘與之言仁義莫能奬未能皆問天何事須擊壤
復笑采薇人胡爲乃長往
田舍有老翁垂白衡門裏有時農事閑斗酒呼鄰里
喧聒茅簷下或坐或復起短褐不爲薄園葵固足美
動則長子孫不曾向城市五帝與三王古來稱君子
干戈將揖讓畢竟何者是得意苟爲樂野田安足鄙
且當忘懷去行行没餘齒

日夕見太行沉吟未能去問君何以然世網嬰我故
小妹日成長兄弟未有娶家貧祿旣薄儲蓄非有素
幾迴欲奮飛踟躕復相顧孫登長嘯臺松竹有遺處
相去詎幾許故人在中路愛染日已薄禪寂日已固
忽呼吾將行寧俟歲云暮

陶潛任天真其性頗耽酒自從弃官來家貧不能有
九月九日時菊花空滿手中心切自思儻有人送否
白衣攜壺觴果來遺老叟且喜得斟酌安問升與斗
奮衣野田中今日嗟無有兀傲迷東西蓑笠不能守
傾倒強行行酣歌歸五柳生事不曾問肯愧家中婦

趙女彈箜篌復能邯鄲舞夫壻輕薄兒鬬雞事齊主

黃金買歌笑用錢不復數許史相經過高門盈四牡
容舍有儒生昂藏出鄒魯讀書三十年腰間無尺組
被服聖人教一生自窮苦
老來懶賦詩唯有老相隨宿世謬詞客前身應畫師
不能捨餘習偶被世人知名字本皆是此知還不知

西施詠

艷色天下重西施寧久微朝為越溪女暮作吳宮妃
賤日豈殊衆貴來方悟稀邀人傅脂粉不自着羅衣
君寵益嬌態君憐無是非當時浣紗伴莫得同車歸
持謝鄰家子效顰安可希

李陵詠 時年十九

漢家李將軍三代將門子結髮有奇策少年成壯士
長驅塞上兒深入單于壘旌旗列相向簫鼓悲何已
日暮沙漠陲戰聲煙塵裏將令驕虜滅豈獨名王侍
既失大軍援遂嬰穹廬恥少小蒙漢恩何堪坐思此
深衷欲有報投軀未能死引領望子卿非君誰相理

燕子龕禪師詠

山中燕子龕路劇羊腸惡裂地競盤屈插天多峭崿
瀑泉吼而噴怪石看欲落伯禹訪未知五丁愁不鑿
上人無生緣生長居紫閣六時自槌磬一飲常帶索
種田燒白雲斫漆響丹壑行隨拾栗猿歸對巢松鶴
時許山神請偶逢洞仙博救世多慈悲即心無行作

周商倦積阻蜀物苦奄泊巖腹乍旁穿澗唇時外拓
橋因倒樹架柵值垂藤縛鳥道悉已平龍宫爲之涸
跳波誰揭厲絶壁免捫摸山木日陰陰結跏端舊林
一向石門裏任君春草深

息夫人 時年二十

莫以今時寵難忘舊日恩看花滿眼淚不共楚王言

班婕妤 三首

玉窻螢影度金殿人聲絶秋夜守羅帷孤燈耿不滅
宫殿生秋草君王恩幸疏那堪聞鳳吹門外度金輿
怪來粧閣閉朝下不相迎總向春園裏花間語笑聲

曉春閨思

切校誤呂鈔作勿　柏呂作植
從八痛木閻呂作歸田痾〇關　向呂作　雙
霜呂作霜

橋因倒樹架柵值垂藤縛鳥道悉巳平龍宫爲之涸

跳波誰揭厲絕壁免捫摸山木日陰陰結蹴端舊林

一向石門裏任君春草深

息夫人 時年二十

莫以今時寵難忘舊日恩看花滿眼淚不共楚王言

班婕妤 三首

玉窻螢影度金殿人聲絕秋夜守羅帷孤燈耿不滅

宫殿生秋草君王恩幸疎那堪聞鳳吹門外度金輿

怪來粧閣閉朝下不相迎總向春園裏花間語笑聲

曉春閨思

新粧可憐色落日卷羅帷爐氣清珍簟牆陰上玉墀
春虫飛綱戶暮雀隱花枝向晚多愁思閑窻桃李時

羽林騎閨人

秋月臨高城城中管絃思離人堂上愁稚子堦前戲
出門復映戶望望青絲騎行人過欲盡征夫終不至
左右寂無言相看共垂淚

戲題示蕭氏外甥

憐尔解臨池渠爺未學詩老夫何足似弊宅儻因之
蘆笋穿荷葉菱花胃鴈兒郤公不易勝莫著外家欺

冬夜書懷

冬宵寒且永夜漏宮中發草白靄繁霜木衰澄清月

麗服映頹顔朱燈照華鬓漢家方尚少顧影慙朝謁

秋夜獨坐

獨坐悲雙鬓空堂欲二更雨中山菓落燈下草虫鳴白鬓終難變黄金不可成欲知除老病唯有學無生

不遇詠

北闕獻書寢不報南山種田時不登百人會中身不預五侯門前心不能身投河朝飲君酒家在茂陵平安否且以登山復臨水莫問春風動楊柳今人昨人多自私成心不説君應知濟人然後拂衣去有作徒尔一男兒

待儲光羲不至

重門朝已啓起坐聽車聲要欲聞清珮方將出户迎
晚鍾鳴上苑踈雨過春城了自不相顧臨堂空復情

聽宫鶯

春樹遶宫牆宫鶯囀曙光忽驚啼暫斷移處弄還長
隱葉棲承露攀花出未央遊人未應返爲此思故鄉

聽百舌

上蘭門外草萋萋未央宫中花裏棲亦有相隨過御
苑不知若箇向金堤入春解作千般語拂曙能先百
鳥啼万戸千門應覺曉建章何必聽鳴雞

題友人雲母障子

君家雲母障時向野庭開自有山泉入非因采畫來

清如玉壺氷　京兆府試時年十九

藏氷玉壺裏氷氷類方諸未共消丹日還同照綺疏抱明中不隱含淨外疑虚氣似庭霜積光言砌月餘曉淩飛鵲鏡宵映聚螢書若向夫君比清心尚不如

劇嘲史寰

清風細雨濕梅花驟馬先過碧玉家正值楚王宮裏至門前初下七香車 一本作適自楚王

紅牡丹

綠豔閑且静紅衣淺復深花心愁欲斷春色豈知心

左掖梨花詠

閑灑階邊草輕隨箔外風黄鶯弄不足銜入未央宮

同前　丘爲

玲瓏全欺雪餘香乍入衣春風且莫定吹向玉階飛

同前　皇甫冉

巧解迎人笑偏能亂蝶飛春風特入戶幾片落朝衣

早朝二首

皎潔明星高蒼茫遠天曙槐霧語不開城鴉鳴稍去
始聞高閣聲莫辨更衣處銀燭已成行金門儼騶馭

柳暗百花明春深五鳳城城烏睥睨曉宮井轆轤聲
方朔金門侍班姬玉輦迎仍聞遣方士東海訪蓬瀛

菩提寺禁裴迪來相看說逆賊等凝碧池上
作音樂供奉人等舉聲便一時淚下私成口

号誦示裴迪

万户傷心生野煙百寮何日更朝天秋槐葉落空宮
裏凝碧池頭奏管絃

口号又示裴迪

安得捨塵網拂衣辭世喧悠然策藜杖歸向桃花源

春日直門下省早朝

騎省直明光雞鳴謁建章遥聞侍中珮闇識令君香
玉漏隨銅吏天書拜夕郎旌旗映閶闔歌吹滿昭陽
官舍梅初紫宮門柳欲黄願將遲日意同與聖恩長
一作令公

愚公谷三首　青龍寺與黎昕戲題

愚谷與誰去唯將黎子同非須一處住不那兩心空
寧問春將夏誰論西復東不知吾與子若箇是愚公
吾家愚谷裏此谷本家平雖則行無跡還能響應聲
不隨雲色暗只待日光明緣底名愚谷都由愚所成
借問愚公谷與君聊一尋不尋翻到谷此谷不離心
行處曾無險看時豈有深寄言塵世客何處欲窺林

寓言二首

朱紱誰家子無乃金張孫驪駒從白馬出入銅龍門
問尒何功德多承明主恩鬬雞平樂館射雉上林園
曲陌車騎盛高堂珠翠繁奈何軒冕貴不與布衣言
君家御溝上垂柳夾朱門列鼎會中貴鳴珂朝至尊

生死在八議窮達由一言須識苦寒士莫矜狐白溫

雜詩五首

朝因折楊柳相見洛城隅楚國無如妾秦家自有夫

對人傳玉椀映燭解羅襦人見東方騎皆言夫壻殊

持謝金吾子煩君提玉壺

雙燕初命子五桃新作花王昌是東舍宋玉次西家

小小能織綺時時出浣紗親勞使君問南陌駐香車

家住孟津河門對孟津口常有江南船寄書家中否

君自故鄉來應知故鄉事來日綺窗前寒梅着花未

已見寒梅發復聞啼鳥聲心心視春草畏向階前生

獻始興公　時拜右拾遺

寧棲野木林寧飲澗水流不用坐良肉崎嶇見王侯
鄙哉匹夫節布褐將白頭任智誠則短守仁固其優
側聞大君子安問黨與讎所不賣公器動爲蒼生謀
賤子跪自陳可爲帳下不感激有公議曲私非所求

上張令公

珥筆趍丹陛垂璫上玉除步簷青瑣闥方憶畫輪車
市閲千金字朝開五色書致君光帝典薦士滿公車
伏奏迴金駕橫經重石渠從玆能角牴且復幸儲胥
天統知堯後王章笑魯初匈奴遥俯伏漢相儼簪裾
賈生非不遇汲黯自堪踈學易思求我言詩或起予
嘗從大夫後可惜隸人餘

崔興宗寫真詠

畫君年少時，如今君已老。今時新識人，知君舊時好。

山茱萸詠

朱實山下開，清香寒更發。幸與叢桂花，窻前向秋月。

涼州賽神

涼州城外少行人，百尺烽頭望虜塵。健兒擊鼓吹羌笛，共賽城東越騎神。

哭殷遥二首

人生能幾何，畢竟歸無形。念君等為死，万事傷人情。慈母未及葬，一女纔十齡。泱漭寒郊外，蕭條聞哭聲。浮雲為蒼茫，飛鳥不能鳴。行人何寂寞，白日自淒清。

憶昔君在時問我學無生勸君苦不早令君無所成
故人各有贈又不及平生負尔非一途慟哭返柴荆
送君返葬石樓山松栢蒼蒼賓馭還埋骨白雲長已
矣空餘流水向人間

哭孟浩然　時為殿中侍御史知南選至襄陽有作

故人不可見漢水日東流借問襄陽老江山空蔡州

哭褚司馬

妄識皆心累浮生定死媒誰言老龍吉未免伯牛災
故有求仙藥仍餘遁俗杯山川秋樹苦窻戸夜泉哀
尚憶青騾去寧知白馬來漢臣修史記莫蔽褚生才

過沈居哭沈居士

楊朱來此哭桑扈返於真獨自成千古依然舊四鄰
閑簷噎鳥雀故榻蒲塵埃曙月孤鸎囀空山五柳春
野花愁對客泉水咽迎人善卷明時隱黔婁在日貧
逝川嗟尒命丘井歎吾身前後徒言儁相悲詎幾晨

哭祖六自虛　時年十八

否極常聞泰嗟君獨不然憫凶才稱齒羸疾至中年
餘力文章秀生知禮樂全翰留天帳覽辭入帝宮傳
國訏終軍少人知賈誼賢公卿盡虛左朋識共推先
不恨依窮轍終期濟巨川才雄望羔鴈壽促背貂蟬
福善聞前錄殲良昧上玄何辜鍛鸞鳳何事至龍泉

鵩起長沙賦麟終曲阜編城中君道廣海内我情偏
乍失疑猶見沈思悟絕緣生前不忍別死後向誰宣
爲此情難盡弥令憶更纏本家清渭曲歸葬舊塋邊
永去長安道徒開京兆阡旌車出郊甸鄉國隱雲天
定作無期別寧同舊日旋候門家屬苦行路國人憐
送客哀終進征途泥復前贈言爲挽曲奠席是離筵
念昔同攜手風期不暫捐南山俱隱逸東洛類神仙
未省音容間那堪生死遷花時金谷飲月夜竹林眠
蒲地傳都賦傾朝看藥船群公咸屬目微物敢齊肩
謬合同人旨而將玉樹連不期先挂劍長恐後施鞭
爲善吾無矣知音子絕焉琴聲縱不没終亦斷悲絃

歎白髮二首

我年一何長鬢髮日已白俛仰天地間能爲幾時客惆悵故山雲徘徊空日夕何事與時人東城復南陌

宿昔朱顔成暮齒須臾白髮變垂髫一生幾許傷心事不向空門何處消

過始皇墓　時年十五

古墓成蒼嶺幽宮象紫臺星辰七曜隔河漢九泉開有海人寧渡無春鴈不迴更聞松韻切疑是大夫哀

故太子太師徐公挽歌四首

功德冠群英弥綸有大名軒皇用風后傅説是星精就地優遺老來朝詔不名留侯嘗辟穀何苦不長生

謀猷爲相國翊贊奉乘輿劍履升前殿貂蟬託後車
齊侯蹠土宇漢室賴圖書僻處留田宅仍才十頃餘
舊里趍庭日新年置酒辰聞詩鸑鷟客獻賦鳳樓人
北首辭明主東堂哭大臣猶思御朱輅不惜汗車茵
久踐中台座終登上將壇誰言斷車騎空憶盛衣冠
風日咸陽慘笳簫渭水寒尤人當便闕應罷太師官

故西河郡杜太守挽歌三首

天上去西征雲中護北平生擒白馬將連破黑雕城
忽見芻靈苦徒聞竹使榮空留左氏傳誰繼卜商名
返葬金符守同歸石窌妻卷衣悲畫翟持翣待鳴雞
容衛都人慘山川駟馬嘶猶聞隴上客相對哭征西

塗芻去國門祕器出東園太守留金印夫人罷錦軒

旌旐轉蓑水簫鼓上寒原墳樹應西靡長思魏闕恩

故南陽夫人樊氏挽歌二首

錦衣餘翟茀繡轂罷魚軒淑女詩長在夫人法尚存

凝笳隨曉旆行哭向秋原歸去將何見誰能返戟門

石窌恩榮重金吾車騎盛將朝每贈言入室還相敬

累鼓秋城動懸旌寒日暎不言長不歸環珮猶將聽

王摩詰文集卷第十

右王摩詰文集十卷每卷有二泉主人聽松風
處子京項墨林鑒賞章宗本甲等印第五卷
有款云袁聚觀及袁氏尚之印今藏汪氏藝芸
書舍與前收讀書敏求記所載王右丞文集皆宋
本而迥乎不合予讀文獻通考引書錄解題云
建昌本與蜀本次序皆不同大抵蜀刻唐六十家
集多異於他處本而此集編次尤無倫乃悟題摩
詰集者蜀本也題右丞集者建昌本也建昌本

前六卷詩後四卷文自是寶歷二年表進之舊而
蜀本第二以下全錯亂故直齋以爲尤無倫也
又讀洪邁萬首絶句序云如王涯在翰林同學
士令狐楚張仲素所賦宮詞諸章乃誤入王維集
其王維詩後注云別本維又有遊春詞等十五篇
并五言十五篇皆王涯所作今以入涯詩中按蜀本第
一卷末有此各篇但詩前標翰林學士知制誥王
涯名蓋其始鈔綴於此而刻者不知刪去耳亦未

誤爲維詩如浩所見之别本也若建昌本則固無
此矣至直齋所稱蜀本六十家唐集世無完書大
興朱氏椒花吟舫有如干家權載之五十卷嘉慶
某年刊行張説之三十卷江都汪孟慈爲予寫
其副其餘聞尚有王子安等而未審他則李太白
三十卷康熙中繆氏刊之駱賓王十卷曾在小讀
書堆後刊於揚州二書真本俱歸藝芸今又收
此獨於秘笈深有宿緣良可羨已去歲以建昌

本見借得影鈔一部兹取示蜀本遂加對勘除
次序外其為多宜異同亦互有短長擬合成定
本再奉質正也是為跋道光歲在戊子孟陬月
人日顧千里〻書時年六十有三

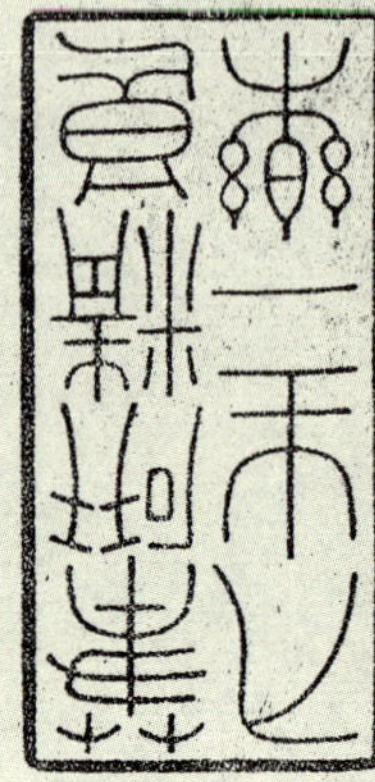

（唐）孟浩然　撰

孟浩然詩集三卷

宋刻本

據國家圖書館藏宋刻本影印原書版框高二十點五厘米寬十四點五厘米

序　言

孟浩然，唐代著名詩人。生於武后永昌元年（六八九），卒於玄宗開元二十八年（七四〇），名浩，字浩然，號孟山人，襄州襄陽（今湖北襄陽）人，世稱孟襄陽。

孟浩然乃有唐一朝重要詩人中唯一無官職者。他生當盛唐，有志用世而無緣解褐。開元十五年（七二七）應進士舉不第，二十二年（七三四）謁張九齡亦未果。殷璠歎道：『才名日高，天下籍甚，竟淪落明代，終於布衣，悲夫。』（《河嶽英靈集》）杜甫『吾愛孟浩然，裋褐即長夜』（《遣興》），似有物傷其類之憾。

王士源《孟浩然集序》稱孟『行不爲飾，動求真適，故似誕。遊不爲利，期以放性，故常貧』。而性情相近，也許是李白走近孟浩然的最重要原因，李白曾專程訪孟於襄陽，不遇而有《贈孟浩然》『我愛孟夫子，風流天下聞』，他極推崇孟之隱逸情結與傲岸精神，『高山安可仰，徒此揖清芬』，將其崇拜之情誇張到極致。晚唐皮日休也崇拜孟浩然，其《郢州孟亭記》曰：『明皇世，章句之風，

大得建安體。論者推李翰林、杜工部爲之尤。介其間能不愧者，唯吾鄉之孟先生也。先生之作，遇景入詠，不拘奇抉異，令齷齪束人口者，涵涵然有干霄之興，若公輸氏當巧而不巧者也。』皮日休甚至認爲，盛唐詩壇可與李杜比肩者，浩然一人而已。

孟浩然乃唐代第一個傾力山水詩的詩人。其山水詩多寫隱居閑適、羈旅愁思。浩然一生大部分時間在襄陽渡過，其詩既有登臨萬山、峴山和鹿門山的遺興之作，亦有田園村居生活雜詠，還有山水行旅詩寫其輾轉於襄陽、洛陽與吴越間的經歷。『我家南渡頭，慣習野人舟。日夕弄清淺，林湍逆上流。』因而『山河據形勝，天地生豪酋』（《送張祥之房陵》）。浩然性愛山水，極喜泛舟，也偏愛水行，『爲多山水樂，頻作泛舟行』（《經七里灘》），其詩興亦多爲水上漫遊所引發，詩多寫水，如《耶溪泛舟》《宿桐廬江寄廣陵舊遊》《宿建德江》等皆江湖水景詩之經典。他即便是寫山，也往往不離水，不離行舟，其《彭蠡湖中望廬山》《晚泊潯陽望廬山》等詩寫廬山，乃途經鄱陽湖舟中遠觀廬山的視角。

孟浩然詩追求自然美，常常『遇景入詠，不拘奇抉異』（皮日休語），仿佛脱口而出，毫不費力，真可謂『不落言筌』。孟詩二百六十餘，古風約占四分之一，其餘全爲近體詩，而以五言律詩最多。然其近體而不爲格律所累，自然如行雲流水。如《舟中曉望》信手寫來，通體散行，頷頸二聯不作

駢對，然平仄聲律全合五律格式，似古似律。《與諸子登峴山》《山潭》《湖中旅泊寄閻昉》《洛下送奚三還揚州》《都中送辛大》等，多不嚴格合律而化以古風，似不經意道出，卻經緯綿密，而深得好評。胡應麟贊曰：『孟五言不甚拘偶者，自是六朝短古，加以聲律，便覺神韻超然。』（《詩藪·内編》卷二）此類詩出入古近之體格，饒有灑脫自在之情緻，是爲孟詩之獨創也。

孟浩然寫詩，即景會心，佇興造思，超妙而自得天籟之趣，專注於意象與意境。殷璠以『無論興象，兼復故實』（《河嶽英靈集》）評孟詩，即本之以『興』，出之以『象』也。其《夜歸鹿門歌》寫夜歸，七言八句，其篇制規模類似近體，然突出了歌行體的蟬聯句法，結構自然，出語灑落，洗脫凡近，氣象清遠。孟詩如《早寒江上有懷》《秋登萬山寄張五》《夏日南亭懷辛大》等篇，自然渾成，韻致流溢，而意境空靈清迥，給開元詩壇拂入新鮮氣息。

《孟浩然詩集》以宋蜀刻本爲最早。此本分上中下三卷，收詩二百一十一首，附有張子容二首，王維一首，王迥一首。曾藏元代翰林院史院，後流落民間，清嘉慶間黄丕烈於書肆間購得，歸藏士禮居。現藏於國家圖書館。今國家圖書館出版社予以影印出版，受命爲序，洵歡欣鼓舞也。

王志清

丁酉仲秋於三養齋

余于五月杪自都門歸聞相鄉金氏書有散在坊間者即訪之得諸酉
山堂書凡五種宋刻者爲孟浩然詩集錢杲之離騷集傳雲莊四六
餘話影宋鈔者爲岳板孝經呂夏卿唐書直筆新例索白鏹六十四
金急欲歸之而議價再三牢不可破卒以京板佩文韵府相易貼銀十
四兩方得成此交易此孟浩然詩集即五種中之最佳而余亦斷不肯舍
者也先是書友携此書來余取舊藏元刻劉須溪批點本手勘一過知彼
此善惡奚啻霄壤非特强分門類不復合三卷原次序且脫所不當脫
如歲晚歸南山作新唐書所云浩然自誦所爲詩也元刻在所缺詩中
衍所不當衍如歲除夜有懷明知眾妙集中爲崔塗詩也元刻在所収
詩中去取果何據乎今得宋刻正之如撥雲覩青矣至于此刻爲南宋
初刻類此版式唐人文集不下數十種余所藏者有劉隨州劉賓客
余所見者有姚少監韓昌黎皆有翰林國史院官書長方印然皆殘
闕過半究不若此本之爲全璧也得書之日忻幸無似爰書此以著緣
起近借汪瀞雲主政作續得書圖題此日襄陽月夜蓋絕妙詩中畫景

云

嘉慶辛酉冬孟九日書于太白樓下黄丕烈識

孟浩然詩集序

宜城王士源 撰

孟浩然襄陽人也骨貌淑清風神散朗救患釋紛以立義灌園藝圃以全高交游之中通悅傾蓋機警無匿學不故儒務掇菁華文不按古匠心獨妙五言詩天下稱其盡善閑游祕省秋月新霽諸英聯詩次當浩然句曰微雲淡河漢踈雨滴梧桐舉座嗟其清絕咸以之擱筆不復爲綴丞相范陽張九齡侍御史京兆王維尚書侍郎河東裴朏范陽盧僎大理評事河東裴揔華陰太守滎陽鄭倩之太守河東獨孤冊率與浩然爲忘形之交山南採訪使太守昌黎朝宗謂浩然閑深詩律寘諸周行必詠穆如之頌因入秦與偕行先揚于朝約日引謁

後期　　　矣身行樂耳遑恤其佗遂畢久
不赴由是聞罷既而浩然不之悔也其好學忘名如此
士源也時嘗筆讚之曰道漾挺靈寔生楚英浩然清發
亦自其名開元二十八年王昌齡遊襄陽時浩然疾發
背且愈得相歡飲浩然宴謔食鮮疾動終于南園年五
十有子儀甫浩然每為詩佇興而作故或遲成行不為
飾動求真適故以誕遊不利期以放情故常貧名不繫
於選部聚不盈甔室雖屢空不給自若也士源幼學好
名山行年十八首事陵山恒岳咨術通玄丈人過蘇門
問道隱者左知運太白胥隱訣終南修亢倉九篇天寶
四載徂夏詔書徵詣京兆府過與家臣八座討論山林
之七曆至始知浩然物故嗟哉未祿於代史不必書安

可惜從妙韻從此而絶詳問使者所述論美行士不記
一浩然凡所屬綴就輙毀棄無編録常自嘆爲文不逮
意也流落既多篇章散逸鄉里搆採不有其半敷求四
方往往而獲既無他士爲之傳次遂使海内衣冠縉紳
經襄陽思覩其文蓋有不備見而惜哉今集其詩二百
一十八首别爲士類分上中下卷詩或缺未成而思清
美及他人酬贈咸次而不棄也

重序

宜城王士源者藻思清遠深鑒文理常遊山水不在人間著亢倉子數篇傳之於代予久在集賢常與諸學士命此子不可得見天寶中忽獲浩然文集乃士源撰爲之序傳詞理卓絶吟諷忘疲書寫不一紙墨薄弱昔虞坂之上逸駕與駑駘俱疲吴竈之中孤桐與樵蘇共爨遇伯樂與伯喈遂騰聲於千古此詩若不遇王君乃十數張故紙耳然則王君之清鑒豈減孫蔡而已哉予今繕寫增其條目復士源之清才敢自述於卷首謹將此本送上　秘府庶久而不泯傳芳無窮天寶九載正月初三日特進行太常卿禮儀使集賢院修撰上柱國沛國郡開國公韋　滔叙

孟浩然詩集標目

孟　浩然字　浩然

第一卷

詩

早發漁浦潭　　尋香山湛上人

望廬山　　雲門蘭若同遊

宿天台桐栢觀　　過吴張二子別業

與諸子登峴山　　登當陽城樓

汎舟　　楊子津望京口

登障樓　　峴山作

題大禹義公房　　尋張子客額處士

九日得新字　　山潭

還山詒湛法師　宿永嘉江寄崔國輔

上巳日寄黄九　聞裴朏除豫州司户

寄弟馨　秋登蘭山寄張五

入峽寄謗弟　醉後贈馬四

夜泊廬江　南還舟中寄袁太祝

寄廣陵舊遊　東陂遇雨

荆門上張丞相　題李十四庄

寄正字　行至汝墳寄盧徵君

寄天台道士　和宋大使北樓新

和張丞相對雪　登江中孤嶼

送鄭十三還京

第二卷

詩

下贛石　　越中逢天台太一子

望漢川　　自潯陽泛舟經明海

除夜逢張少府　　度渡湘水

經七里灘　　自洛之越

濟江問舟人　　歸至郢中

赴京途中遇雪　　戲題

南歸阻雪　　久滯越中

途次　　將適天台留別李主簿

卧疾畢太祝尋　　送丁大鳳進士舉

送吴悦遊韶陽　　送張子容進士舉

長安早春　　送張叅明經舉

送張祥之房陵　　送韓使君

東京留別諸公
適越留別
題長安主人壁
送莫氏外甥
送張去非
送桓子之郢城禮席
送李膺
送孟六歸襄陽二首
留別王侍御
送袁太祝尉豫章
都中送辛大
送新安張少府歸秦中
送朱入秦
早春潤州送從弟還鄉
送友人之京
留別裴劉二少府
送杜十四
峴亭餞房琯崔宗之
送袁十三

第三卷

詩

過融上人蘭若　李氏園卧疾

過故人　同曹三御史汎湖歸越

西山尋辛諤　陪張丞相登嵩陽樓

晚春　投寄裴侍御

登峴亭　送王宣從軍

送從弟邕下第　與王昌齡宴王十一

白雲先生見訪　田園作

期諸公不至　建德江宿

孟浩然詩集目録終

孟浩然詩集卷上

詩

陪姚使君　題永上人南亭
遊鏡湖　秋登張明府海亭
題融公蘭若　夏日浮舟
與張折衝遊寺　與白明府遊江
檀溪尋故人　梅道士水亭
岳陽樓　荅秦中苦雨思歸
秋日陪李侍御　九日於龍沙作寄劉公
湖中旅泊寄閻昉　秦中感秋寄遠上人
大堤行寄黄七　陪張丞相登荆城樓
京還贈張淮　癸州李少府見贈
還山詒湛法師　宿永嘉江寄崔國輔
上巳日寄黄九　聞裴朏除豫州司户

寄弟馨　秋登蘭山寄張五

入峽寄護弟　醉後贈馬四

夜泊廬江　南還舟中寄袁太祝

寄廣陵舊遊　東陂遇雨

荆門上張丞相　題李十四莊

寄正字　行至汝墳寄盧徵君

寄天台道士　和宋大使北樓新

和張丞相對雪　登江中孤嶼

送鄭十三還京

早發漁浦潭

東旭早光芒渚禽已驚聒臥聞漁浦口橈聲暗相撥日出氣象分始知江路闊美人常晏起照影弄流沫飲水

畏猿驚祭魚時見獺舟行自無悶况值晴景豁

尋香山堪上人

朝游訪名山山遠在空翠氛氲亘百里日入行始至杖策尋故人解鞍暫停騎石門殊豁隂篁逕轉深邃法侶欣相逢清談曉不寐平生慕真隠累日求靈異野老朝入雲山僧暮歸寺松泉多逸響苔壁饒古意谷口聞鍾聲林端識香氣願言投此山身世兩相棄

晚泊潯陽望廬山

挂席幾千里名山都未逢泊舟潯陽郭始見香爐峯甞讀遠公傳永懷塵外蹤東林精舍近日暮但聞鍾

雲門蘭若與友人同遊

謂予游迷方逢子亦在野結交指松栢問法尋蘭若小

溪旁容舟石怪屢驚馬所居最幽絶所住皆靜者雲族
興座隅天空落階下上人亦何聞塵念俱已捨四禪合
真如一切是虚假願承甘露潤甚得惠風洒依此託山
門誰知効丘也

宿天台桐栢觀

海行信風帆夕宿逗雲島緬尋滄洲趣近愛赤松好捫
蘿亦踐苔輟棹恣探討息陰憩桐栢采秀弄芝草鶴唳
清露垂鷄鳴信潮早願言解纓路從此無煩惱高步陵
四明玄蹤得二老紛吾遠遊意樂彼長生道日夕望三
山雲濤空浩浩

冬至後過吴張二子檀溪别業

卜築因自然檀溪更不穿園廬二友接水竹數家連直

與南山對非関選地偏草堂時偃曝蘭襪日周旋外事
情都遠中流性所便閑尋太公釣興發子猷船余亦幽
栖者經過竊慕焉梅花殘臘月柳色半春天鳥泊隨陽
鴈魚藏縮項鯿停盃問山簡何似習池邊

與諸子登峴山

人事有代謝往來成古今江山留勝跡我輩復登臨水
落魚梁淺天寒夢澤深羊公碑字在讀罷淚霑襟

陪張丞相登當陽城樓

放溜下松滋登舟命檝師詎忘經濟日不憚泛奏時洗
幘豈獨古濯纓良在茲政成人自理機息鳥無疑雲物
吟孤嶼江天辨四維晚來風稍急冬至日行遲獵響驚
雲夢漁歌激楚詞渚宮何處是川暝欲安抵

陪盧明府汎舟廻作
百里行春返清流逸興多鷁舟隨鳥泊江火共星羅已
救田家旱仍醫里化訛文章推後輩風雅激頹波高岸
迷陵谷新聲滿棹歌猶憐不才子白首未登科

楊子津望京口
北固臨魚口夷山對海濆江風白浪起愁殺渡頭人

與顏錢塘登障樓望潮作
百里聞雷震鳴絃暫輟彈府中連騎出江上待潮觀照
日秋空迥浮雲渤澥寬驚濤來似雪一坐凜生寒

峴山作
石潭傍隈隩沙榜曉夤緣試垂竹竿釣果得查頭鯿美
人騁金錯纖手鱠江鮮因謝陸内史蓴羹何足傳

題大禹義公房

義公習禪處結構依空林户外一峯秀堦前群壑深夕陽照雨足空翠落庭陰看取蓮花淨應知不染心

尋白鶴嵓張子容顏處士

白鶴青嵓半幽人有隱居堦庭空水石井壑罷樵漁歲月青松老風霜苦竹踈覩茲懷舊業迴策返吾廬

九日得新字

初九未成旬重陽即此辰登高聞古事載酒訪幽人落帽恣歡飲授衣同試新茱萸正可佩折取寄情親

山潭

垂釣坐磐石水清心益閑魚行潭樹下猿挂島蘿間游女昔解佩傳聞於此山求之不可得沿月棹歌還

與杭州薛司户登樟亭樓作

水樓一登眺半出青林高弈幕英寮敞芳筵下客叨山藏伯禹穴城壓伍胥濤今日觀溟漲垂綸㚔釣鰲

題終南翠微寺空上人房

翠微終南裏雨後宜返照閉關久沉冥杖策一登眺遂造幽人室始知静者妙儒道雖異門雲林頗同調兩心相喜得畢景共談笑暝還高窻昏時見遠山曉緬懷赤城標更憶臨海嶠風泉有清音何必蘇門嘯

陪栢臺友共訪聰上人禪居

欣逢栢臺友共謁聰公禪石室無人到繩床見虎眠陰風常抱雪松澗爲生泉出處雖云異同歡在法筵

宿業師山房待丁公不至

夕陽度西嶺群壑倏已暝松月生夜凉風泉滿清聽樵人歸欲盡煙鳥栖初定之子期宿來孤琴候蘿徑

初春漢中漾舟

漾舟逗何處神女漢皋曲雪罷冰復開春潭千丈淥傾杯魚鳥醉得句煙花續波影搖伎釵沙光動人目

耶溪泛舟

落景餘清輝輕橈弄溪渚澄明愛水物臨泛何容與白首垂釣翁新粧浣沙女看看未相識脉脉不得語

北澗浮舟

北澗流常滿浮舟觸處通泝洄自有趣何必五湖中

尋天台山

吾友太一子湌霞卧赤城欲尋華頂去不憚惡溪名歇

馬憑君宿楊帆截海行高高琴徽裹遥見石橋横

彭蠡湖中望廬山

太虛生月暈舟子知天風挂席候明發淼漫平湖中中流見遥島勢壓九江雄黤黮容霽色崢嶸當曙空香罏初上日瀑布噴成虹久欲追向子况玆懷遠公我來限于役未暇息微躬淮海途將半星霜歲欲窮寄言嵒栖者畢趣當來同

題鹿門山

清曉因興來乗流越江峴沙禽近初識浦樹遥莫辨漸到鹿門山山明翠微淺嵒潭多屈曲舟檝屢回轉昔門龐德公採藥遂不返金澗餌芝木石牀卧苔蘚紛吾感耆舊結纜事攀践隱迹今尚存高風邈已遠白雲何時

去丹桂空偃蹇探討意未窮迴艇夕陽晚

題明禪師西山蘭若

西山多奇狀秀出倚前楹停午收彩翠夕陽照分明吾師位其下禪坐證無生結廬就嵌窟剪艿通徃行談空對樵叟授法與山精日暮方辭去田園歸治城

舟中晚望

挂席東南望青山水國遥舳艫爭利涉來往接風潮問我今何去天台訪石橋坐看煙霞晚疑是赤城標

登總持浮圖

半空躋寶塔時望盡京華竹遶渭川徧山連上苑斜四郊開帝宅行陌逗人家坐覺諸天近空香逐落花

聽鄭五愔彈琴

阮籍推名飲清風滿竹林半酣下衫袖拂拭龍脣琴一杯彈一曲不覺夕陽沉余意在山水聞之諧夙心

從張丞相遊南紀城獵戲贈裴迪張參軍

從禽非吾樂不好雲夢田歲暮登城望偏令鄉思懸公卿有幾幾車騎何翩翩世禄金張貴官曹幕府連順時行殺氣飛刃爭割鮮十里屆賓館徵聲匝妓筵高標迴落日平楚散芳煙何意狂歌客從公亦在旃

過景空寺故融公蘭若

池上青蓮宇林間白馬泉故人成異物過甚獨潸然旣禮新松塔還尋舊石筵平生竹如意猶挂草堂前

陪張丞相祠紫蓋山述經玉泉寺

望秩宣王命齋心待漏行春衿列胄子從事有參卿五

馬尋歸路雙林指化城聞鐘度門近照膽玉泉清皂蓋
依松憩緇徒擁錫迎天宮上兜率沙界豁迷明欲就終
焉志先聞智者名人隨逝水歿波逐覆舟傾想像若在
眼周流空復情謝公還欲臥誰與濟蒼生

尋陳逸人故居

人事一朝盡荒蕪三徑休始聞漳浦臥奄作岱宗遊池
水猶含墨風雲已落秋今宵泉壑裏何處覓藏舟

遊精思觀迴王白雲在後

出谷未停午至家日已曛迴瞻下山路但見牛羊群樵
子暗相失草蟲寒不聞衡門猶未掩佇立望夫君

登望楚山最高頂

山水觀形勝襄陽美會稽最高唯望楚曾未一攀躋石

壁疑削成衆山比全征晴明試登陟目極無端倪雲夢
掌中小武陵花處迷暝還歸騎下蘿月暎深溪
臈八日於鄭縣石城寺禮拜
石壁開金像香山倚鐵圍下生彌勒見迴向一心歸竹
栢禪庭古樓臺世界稀夕嵐增氣色餘照發光輝講席
邀談柄泉堂施浴衣願從功德水從心灌塵機
疾愈過龍泉精舍呈易業二公
停午聞山鍾起行送愁疾尋林採芝去谷轉松翠密傍
見精舍開長廊飾僧畢石渠流雪水金子曜霜橘竹房
思舊遊過憩終永日入洞窺石髓傍崖采蜂蜜日暮辭
遠公虎溪相送出
與黄侍御北津汎舟

溸無蛟龍患日夂常安流本欲避驄馬何如同鷁舟豈
伊今日幸曾是昔年遊莫奏琴中鶴且隨波上鷗堤緣
九里郭山面百城樓自顧躬耕者才非管樂儔聞君薦
草澤從此泛芳州

春晚絶句

春眠不覺曉處處聞啼鳥夜來風雨聲花落知多少

美人分香

艷色本傾城分香更有情髻鬟垂欲解眉黛拂能輕舞
孛平陽態歌翻子夜聲春風狹斜道含笑待逢迎

問舟子

向夕問舟子前程無幾多灣頭正好泊淮裏足風波

夜歸鹿門寺

山寺鳴鍾晝已昏漁梁渡頭爭渡喧人隨沙路向江村

予亦乘舟歸鹿門鹿門月照開煙樹忽到龐公棲隱處

樵經非遥長寂寥唯有幽人夜來去

尋梅道士張逸人

彭澤先生柳山陰道士鵝我來從此好停策漢陰多重

以窺魚樂因之鼓枻歌崔徐迹未朽千載揖清波

陪姚使君題惠上人房

帶雪梅初暖含煙柳尚青平窺童子偈得聽法王經會

理知無我觀空猒有形迷心應覺悟客思未皇寧

春晚題永上人南亭

給園支遁隱虛寂養身和春晚群木秀閑關黄鳥歌林

栖良士竹池養右軍鵝炎月北窻下清風期再過

與崔二十一遊鏡湘寄句賀

試覽鏡湖物中流到底清不知鱸魚味但識鷗鳥情帆得樵風送春逢穀雨晴特尋夏禹穴稍背越王城守掾有包子文章推賀生滄浪醉後唱因此寄同聲

秋登張明府海亭

海亭秋日望委曲見江山染翰臥題壁傾壺一破顏歌逢彭澤令歸賞故園間余亦將琴史棲遲共取閑

題融公蘭若

精舍買金開流泉遶砌迴芰荷薰講席松柏映香臺法雨晴霏去天花晝下來談玄殊未已歸騎夕陽催

夏日浮舟過張逸人別業

水高涼氣多閑棹晚來過澗影見松竹潭香聞芰荷野

童扶醉舞山妓笑酣歌幽賞天玄徧煙光郁夕何

與張折衝游耆闍寺

釋子弥天秀將軍武庫才擯門塞北盡獨步漢南來貝

葉傳金口山樓作賦開因君振嘉藻江楚氣雄哉

與白明府遊江

故人來自遠邑宰復初臨執手恨爲別同舟無異心沿

洄洲渚趣衍漾絃歌音誰爲躬耕者年年梁甫吟

檀溪尋故人

花伴成龍竹池分躍馬溪田園人不見疑向洞中棲

梅道士水亭

傲吏非凡吏名流即道流隱居不可見高論莫能酬水

接仙源近山藏鬼谷幽再來迷處所花下問漁舟

岳陽樓

八月湖水平含虛混太清氣蒸雲夢澤波動岳陽城欲濟無舟楫端居恥聖明坐觀垂釣者空有羨魚情

荅秦中苦雨思歸而袁左丞賀侍郎

苦斈三十載閉門江漢陰用賢遭聖日羇旅屬秋霖豈直昏墊苦亦爲權勢沉二毛催白髮百鎰罄黄金淚憶峴山墮愁懷湘水深謝公積憒懣莊舄空謡吟躍馬非吾事狎鷗宜我心寄言當路者去矣北山岑

秋日陪李侍御渡松滋江

南紀西江闊皇華御史雄截流寧假楫桂席自生風寮寀爭攀鷁魚龍亦避驄坐聽白雪唱翻入棹歌中

九日於龍沙作寄劉

龍沙豫章北九日挂帆過風俗因時見湖山發興多客
中誰送酒棹裏自成歌歌竟乘流去滔滔任夕波

湖中旅泊寄閻昉

桂水通百越扁舟期晚發荆雲閉三巴夕望不見家襄
王夢行雨才子謫長沙長沙饒瘴癘胡爲久留滯久別
思款顔承歡懷接袂接袂杳无由徒增旅泊愁清猿不
可聽沿月上湘流

秦中感秋寄遠上人

一丘常欲臥三徑苦無資北土非吾願東林懷我師黄
金燃桂盡壯志逐年衰日夕涼風至聞蟬但欲悲

大堤行寄黄七

大堤行樂處車馬相馳突歲ヒ春草生踏青三兩日王

孫挾珠彈游女矜羅韈携手今莫同江花爲誰發

陪張丞相登荆城樓同寄荆州張史君

荆州天北畔銅柱日南端出守聲弥遠收荒法未寛側身聊倚望携手莫同歡白璧無瑕玷青松有歲寒府中丞相閣江上使君灘興盡迴舟去方知兹路難

京還贈張淮

拂衣何處去高枕南山南欲徇五斗禄其如七不堪早朝非晚起束帶異抽簪因向智者説遊魚思舊潭

愛州李少府見贈

養疾衡簷下由來浩氣真五行將禁火十步任尋春致敬唯桑梓邀歡即主人迴看後凋色青翠有松筠

還山詒湛法師

幻闡無生理常欲觀此身心迹罕兼遂崎嶇多在塵晚
塗歸舊壑偶與支公隣道以微法妙結爲清淨因煩惱
業頓捨山杖情轉殺朝來問疑義夕話歸清真墨妙稱
今絶詞華驚世人竹房閉虚静花藥連冬春平石藉琴
硯落泉洒衣巾欲知明滅意朝夕海鷗馴

宿永嘉江寄山陰崔少府国輔

我行窮水国君使入京華相去日千里孤帆天一涯卧
聞海潮至起視江月斜借問同舟客何時到永嘉

上巳日洛中寄黄九

卜洛成周地浮柸上巳筵鬭雞寒食下走馬射堂前垂
柳金堤合平沙翠幕連不知王逸少何處會群賢

聞裴朏司戶除豫州司户因以投贈

春堤楊柳發憶與故人期草木本無性榮枯自有時山陰定遠近江上日相思不及蘭亭會空吟祓禊詩

寄弟聲

獻策金門去承歡彩服違以吾一日長念尔聚星稀昏定須溫席寒多未授衣桂枝如可擢早逐鴈南飛

秋登蘭山寄張五

北山白雲裏隱者自怡悅相望試登高心飛逐鳥滅愁因薄暮起興是清境發時見歸村人沙行渡頭歇天邊樹若薺江畔洲如月何當載酒來共醉重陽節

入峽寄舍弟

吾昔與尔輩讀書常閉門未嘗冒湍險豈顧垂堂言自此歷江湖辛勤難具論往來行旅弊開鑿禹功存壁直

千嵓峻淙流萬壑奔我來九幾宿無夕不聞猿浦上思歸戀舟中失夢魂淚霑明月峽心斷鸐鴒原離闊星難聚秋深露已繁因君下南楚書此示鄉園

醉後贈馬四

四海重然諾吾嘗聞白眉秦城游俠窟相得半酣時

夜泊盧江聞故人在東寺以詩寄之

江路經廬阜松門入虎溪聞君尋寂樂清夜宿招提石鏡山精怯禅枝怖鴿栖一燈如悟道爲照客心迷

南還舟中寄袁太祝

沿泝非便習風波猒苦辛忽聞遷谷鳥來報五陵春嶺北迴征棹巴東聞故人花源何處是遊子正迷津

宿廬江寄廣陵舊遊

山暝聞猿愁蒼江急夜流風鳴兩岸葉月照一孤舟建
德非吾土維陽憶舊遊還將兩行淚遥寄海西頭

東陂遇雨率尔貽謝甫池

田家春事起丁壯就東陂隱隱雷聲作森森雨足垂海
虹晴始見河柳濕初稀予意在耕鑿問君田事宜

荆門上張丞相

共理分荆国招賢愧楚材召南風更闡丞相閤還開觀
止忻眉睫沉淪拔草萊坐登徐孺榻頻接李膺杯始慰
蟬鳴稻俄看雪間梅四時云籥盡千里客程催日下瞻
歸翼沙邊厭曝腮伫聞宣室召星象列三台

題李十四莊兼贈毋校書

聞君息陰地東郭柳林間左右瀍澗水門庭緱氏山抱

琴來取醉垂釣坐乗閑歸客莫相待尋源殊未還

寄正字

正字芸香閣經過宛如昨幽人竹素園歸卧寂無喧高鳥能擇木羝羊謾觸藩物情今已見從此欲無言

行至汝墳寄盧徵君

行之䰟余駕依然見汝墳洛川方罷雪嵩嶂有殘雲曳半空裏明明五色分聊題一時興因寄盧徵君

寄天台道士

海上求仙客三山望幾時焚香宿華頂裛露采靈芝屢躡莓苔滑將尋汗漫期儻因松子去長與世人辭

和宋大使北樓新

返耕意未遂日夕登城隅誰謂山林近半爲符竹拘麗

樵非改作軒檻是新圖遠水自嶓家長雲吞具區顧爲
江燕賀羞逐府寮趨欲識狂歌客丘園一竪儒

和張丞相春朝對雪

迎氣當春至承恩喜雪來潤從河漢下花逼艷陽開不
覩豐年瑞焉知燮理才散鹽如可擬便糝和羹梅

登江中孤嶼話白雲先生

悠悠清江水水落沙嶼出迴潭石下深綠篠岸邊密鮫
人潛不見漁父自歌逸憶與君別時汎舟如昨日夕陽
門返照中坐興非一南望鹿門山歸來恨如失

和盧明府送鄭十三還京兼寄之什

昔時風景登臨地今日衣冠送別筵醉坐自傾彭澤酒
思歸長望白雲天洞庭一葉驚秋早漠落空嗟滯江島

寄語朝廷當世人何時重見長安道

孟浩然詩集卷上

依我民法逾期不赎，我能将押品拍卖，有
馀，仍交与债务人；不足，向我索来。查我民法买
典押款不足上当，然此次法院卖价贰千五百元，
今已三年，合本利已逾贰千伍百元，拍卖亦不补彼
方义，说话债务迎矣
当年法院七千五百元，况七八年本
利方合成原价，此时不能生手

孟浩然詩集卷中

詩

寄劉隱士　和張明府登六門作

晚春卧病寄張八　書懷貽京邑同好

同張明府碧溪荅　贈蕭少府

和張二途中遇雪　同儲十二洛陽道

題就師山房　贈王九

題龍門山　上張吏部

和張判官　夜泊宣城界

歲暮海上作　宿武陽川

送張子容　泝江至武昌

夕次蔡陽館　他鄉七夕

送張祥之房陵　送韓使君
東京留別諸公　適越留別
題長安主人壁　送莫氏外生兼諸昆季
送張去非遊巴東　送桓子之郢城禮
送李膺　送孟六歸襄陽二首
留別王侍御　送袁太祝尉豫章
都中送辛大　送新安張少府歸秦中
送朱入秦　早春潤州送從弟還鄉
送友人之京少府　留別裴劉二少府
送杜十四　峴亭餞房琯崔宗之
送袁十三南尋舍弟
宿楊子津寄潤州長山劉隱士

所思在建業欲往大江深日夕望京口煙波愁我心心
馳茅山洞目極楓樹林不見少微星風霜徒夜吟

和張明府登六門作

忽示登高作能寬旅寓情絃歌既多暇山水思微清草
得風光動虹因雨氣成謬承巴俚和非敢應同聲

晚春卧病寄張八

南陌春將晚北窗猶卧病林園久不遊果木一何盛狹
徑花將盡閑庭竹掃淨翠羽戲蘭苕頳鱗動荷柄念我
平生好江鄉遠從政雲山阻夢思衾枕勞歌詠歌詠復
何為同心恨別離世途皆自媚流俗寡相知賈誼才空
逸安仁鬢欲垂遥情每東注奔晷復西馳常恐塡溝壑
无由振羽儀窮通若有命欲向論中推

書懷貽京邑同好

唯先自鄒魯家世重儒風詩禮襲遺訓趨庭霑末躬晝
夜恒自強詞翰頗亦工三十既成立吁嗟命不通慈親
向羸老憙懼在深衷甘脆朝不足簞瓢夕屢空執鞭慕
夫子捧檄懷毛公感激遂彈冠安能守固窮當途詎知
已投刺匪求蒙秦楚邈離異翻飛何日同

同張明府碧溪答

別業聞新制同聲應者多還看碧溪答不羨綠珠歌自
有陽臺女朝朝拾翠過綺筵鋪錦繡粧牖閉藤蘿秋浦
休閑日春餘景氣和仙鳧能作伴羅襪共凌波曲島尋
花藥迴潭折芰荷更憐斜日照紅粉艷青娥

贈蕭少府

上德如流水安仁道若山聞君秉高節為得奉清顏鴻漸外台羽牛刀列上班處腴能不潤居劇縣常閑去詐人無諂除邪吏息姦欲知清與潔明月在澄灣

和張二自櫟縣還途中遇雪

風吹沙海雪漸作柳園春宛轉隨香騎輕盈伴玉人歌疑郢中客態比洛川神今日南歸楚雙花似入秦

同儲十二洛陽道

珠彈繁華子金羈游俠人酒酣白日暮走馬入紅塵

同王九題就師山房

晚憩支公房故人逢右軍軒空避炎暑翰墨動斯文竹閉窻裏日雨隨堦下雲周旋清陰遍吟卧夕陽曛江淨棹歌歇溪深樵語聞歸途未忍去携手戀清芬

贈王九

日暮田家遠山中怨久淹歸人湏早去樵子望陶潛

題龍門山寄越府包户曹徐起居

我行適諸越夢寐懷所歡久負獨往願今來恣游盤台嶺踐磴石耶溪泝林湍捨舟入香界登閣憩旃檀晴山秦望近春水鏡湖寛遠懷佇應接卑位徒勞安白雲日夕滞滄海去還觀故園眇天末良朋在朝端遲尔同携手何時方挂冠

上張吏部

公門世緒昌才子冠裴王出自平津邳還爲吏部郎神仙餘氣色列宿炳輝光夜入南宮静朝遊北禁長時人窺水鏡明主賜衣裳翰苑飛鸚鵡天池待鳳凰

和張判官登萬山亭因贈洪府都曹韓

韓公是襄士日賞城西岑結搆意不淺嵩潭趣轉深皇華一動詠荆国幾遥吟舊徑蘭勿剪新堤柳欲陰砌傍餘恠石沙上有閑禽自牧豫章郡空瞻楓樹林因聲寄流水善聽在知音耆舊眇不接崔徐無處尋物情多貴遠賢俊豈無今遅尒長江暮澄清一洗心

夜泊宣城界

西塞沿江島南陵問驛樓平湖津濟闊風止客帆收去去懷前事茫茫汎夕流石逢羅刹礙山泊敬亭幽火識梅根冶煙迷楊蘩洲離家復水宿相伴賴沙鷗

歲暮海上作

仲尼既云没予亦浮于海昏見斗柄迴方知歲星改虚

舟任所適垂釣非所待爲問乘查人滄洲復何在

宿武陽川

川暗夕陽盡孤舟泊岸初蘋猿相叫嘯潭嶂似空虛就枕滅明月扣舡聞夜漁鷄鳴問何處人物是秦餘

永嘉上浦館送張子容

逆旅相逢處江村日暮時衆山遥對酒孤嶼共題詩廨宇隣鮫室人煙接島夷鄉關万餘里失路一相悲

泝江至武昌

家本洞湖上歲時歸思催客心徒欲速江路苦邅迴殘凍因風解新正度臈開行看武楊柳髣髴映陽臺

夕次蔡陽館

日暮馬行疾荒城人住稀聽歌知近楚投館忽如歸魯

堰田晴廣章陵氣色徵明朝拜嘉慶須着老萊衣

他鄉七夕

他鄉逢七夕旅館益羈愁不見穿針婦空懷故國樓緒風初減熱新月始臨秋誰忍窺河漢迢迢問斗牛

夜泊牛渚趂錢八不及

星羅牛渚宿風退鷁舟遅浦溆常同宿煙波忽問之榜歌空裏失舡火望中疑明發汎潮海茫茫何處期

晚入南山

瘴氣曉氛氳南山復水雲鯤飛今始見鳥墮舊來聞地接長沙近江從泊渚分賈生曾吊屈予亦痛斯文

下贑石

贑石三百里沿洄千嶂間沸聲常浩浩游勢亦潺潺跳

沫魚龍沸垂藤猿狖攀傍人苦奔峭而我忘險艱放溜

情深愜登艫目自閑　維何處宿遥指落星彎

越中逢天台太一子

仙穴逢羽人停艫向前拜問余涉風水何處遠行邁登

陸尋天台順流下吴會兹山夙所尚安得問靈怪上通

青天高俯臨滄海大鷄鳴見日出每與神仙會往來赤

城中逍遥白雲外莓苔異人間瀑布當空界福庭長自

然華頂舊儕最永比從之遊何當濟所屆

行出竹東山望漢川

異台分吾土連山盡緑篁平田出郭少盤坂入雲長萬

壑歸于漢千峯劃彼蒼猿聲亂楚峽人語帶巴鄉石上

攢椒樹藤間綴蜜房雪餘春未暖嵐解晝初陽征馬疲

登頻歸帆憂湫茫坐欣泓溜下信宿見維桑

自潯陽汎舟經明海

大江分九流淼淼成水鄉舟子乗利涉往來至潯陽因之汎五湖流浪經三湘觀濤壯枚發弔岳痛沅湘魏闕心恒在金門詔不忘遥怜上林鴈冰判已迴翔

除夜樂城逢張少府作

雲海汎甌閩風潮泊島濵何知歲除夜得見故鄉親予是乗桴客君爲失路人平生復能幾一别十餘春

夜渡湘水

客舟貪利涉闇裏渡湘川露氣聞芳杜歌聲識采蓮榜人投岸火漁子宿潭煙行侶時相問潯陽何處邊

經七里灘

子奉垂堂誡千金非所輕爲多山水樂頻作泛舟行五嶽追何子三湘弔屈平湖經洞庭闊江入新安清復聞嚴陵瀨乃在茲湍路疊嶂數百里沿洄非一趣彩翠相氛氳別流亂奔注釣磯平可坐苔磴滑難步徙倚石下潭鳥還日邊樹觀奇恨來晚倚棹惜將暮揮手弄潺湲從此洗塵慮

自洛之越

遑遑三十載書劍兩無成山水尋吳越風塵厭洛京扁舟泛湖海長揖謝公卿且樂杯中物誰論世上名

濟江問舟人

潮落江平未有風扁舟共濟與君同時時引領望天末何處青山是越中

歸至郢中

遠遊經海嶠返棹歸山阿日夕見喬木鄉關在伐柯愁隨江路盡意入郢門多左右看桑上依然郎罷他

赴京途中遇雪

迢遞秦京道蒼茫歲暮天窮陰連晦朔積雪滿山川落鴈迷沙渚飢鷹集野田客愁空佇立不見有人煙

戲題

客醉眼未起主人呼解醒已言雞黍熟復說甕頭聲

南歸阻雪

我行滯宛許日夕望京豫曠野莽茫茫鄉山在何處孤煙村際起歸鴈天邊去積雪覆平皋飢鷹捉寒兔少年弄文墨屬意在章句十上耻還家徘徊守歸路

久滯越中貽謝甫池稽賀少府

陳平無產業尼父倦東西負郭共云翳問津今亦迷未

能忘魏闕空此滯秦稽兩見夏雲起再聞春鳥啼懷仙

梅福市訪舊若耶溪聖主賢爲寶君何隱遁棲

途次

客行愁落日鄉思重相催况在他山外天寒一夕鳥來雪

深迷郢路雲暗失陽臺可嘆悽惶子高歌誰爲媒

將適天台留別臨安李主薄

枳棘君尚棲匏瓜吾豈繫誰念離當夏淡泊指炎裔江

海非蔂游田園失歸計空山既早發漁浦亦宵濟泛泛

隨波瀾行行任艫枻故林日已遠群木坐蔽翳羽人在

丹丘吾亦從此逝

家園臥疾畢太祝曜見尋

伏枕舊遊曠笙簧勞夢思平生重交結迨此令人疑冰室無暖氣炎雲空赫曦隙駒不暫駐日聽凉蟬悲壯圖哀未立班白恨吾衰夫子自南楚緬懷嵩汝期顧予衡茅下兼致稟物資脫分趨庭禮殷勤伐木詩脫君車前鞅設我園中葵斗酒須寒興明朝難重持

送丁大鳳進士舉

吾觀鷦鷯賦君負王佐才惜無金張援十上空歸來弃置鄉園老翻飛羽翼摧故人今在位歧路莫遲迴

送吴悅遊韶陽

五色憐鳳鶵南飛適鷓鴣楚人不相識何處求椅梧去去日千里茫茫天一隅安能與尺鷃决起但槍榆

送張子容進士舉

夕曛山照滅送客出柴門惆悵野中別殷勤歧路言戎林余偃息喬木尒飛翻無使谷風誚須令友道存

長安早春

關戍唯東井西城起北辰咸歌太平日共樂建寅春雪盡青山樹冰開黑水濵草迎金埒馬花伴玉樓人鴻漸看無數鶯聲聽欲頻何當遂榮擢歸及柳條新

送張參明經舉兼向涇川覲省

十五綵衣年承歡慈母前孝廉因歲貢懷橘向秦川四座推文舉張郎許仲宣汎舟江上別誰不仰神仙

送張祥之房陵

我家南渡頭慣習野人舟日夕弄清淺林端逆上流上

流據形勝天地生豪酋君意在利往知音期自投

送韓使君除洪州都曹韓公父嘗爲襄州使

述德撫荆衡分符襲寵榮往來看擁傳前後賴專城勿剪棠猶在波澄水更清重須江漢治旋取豫章行邵父多遺愛羊公有令名衣冠列祖道耆舊擁前程峴首晨風接廣陵夜火迎無才慙孺子千里愧同聲

東京留别諸公

吾道昧所適驅車還向東主人開舊館留客醉新豐樹繞温泉緑塵遮晚日紅拂衣從此去高步躡華嵩

適越留别譙縣張主簿申少府

朝乘汴河去返次譙縣界幸值西風吹得與故人會君家梅福隱吾從伯鸞邁别後能相思浮雲在吳會

題長安主人壁

久廢南山田叨陪東閤賢欲隨平子去猶未獻甘泉枕藉琴書滿褰帷遠岫連我來如昨日庭樹忽鳴蟬促織驚寒女秋風思長年授衣當九日無褐竟誰憐

送莫氏外生兼諸昆季從馬入西軍

念尔習詩禮未嘗違户庭平生早偏露萬里更飄零坐弃三牲養行觀八陣形飾裝辭故里謀策赴邊廷壯志吞鴻鵠遥心伴鶺鴒所從文與武不戰自應寧

峴山送張去非遊巴東

峴山南郭外送别每登臨沙岸江村近松門山寺深一言余有贈三峽尔將尋祖席宜城酒征途雲夢林蹉跎遊子意眷戀故人心去矣勿淹滯巴東猿夜吟

送桓子之郢城禮

聞君馳綵騎躞蹀指荆衡爲結潘陽好言過鄢郢城標梅詩有贈羔鴈禮將行今夜神仙女徃來夢感情

送李膺

舊國余歸楚新年子北征桂帆愁海路分手戀明情日夕故園意汀洲春草生何時一盃酒重與李膺傾

送孟六歸襄陽二首　張子容

東越相逢地西亭送別津風濤看解纜雲海去愁人鄉在桃林岸山連楓樹春因懷故園意歸𡸁孟家隣

又

杜門不復出久與世情疎以此爲長策勸君歸舊廬醉歌田舍酒笑讀古人書好是一王事無勞獻子虛

留別王侍御

寂寂竟何待朝朝空自歸欲尋芳草去惜與故人違當路誰相假知音世所稀祇應守索寞還掩故園扉

送袁太祝尉豫章

何幸遇休明觀光來上京相逢武陵客相送豫章行隨牒牽黃綬離群會墨卿江南佳麗地山水舊難名

都中送辛大

南國辛居士言歸舊竹林未逢調鼎用徒有濟川心余亦忘機者田園在漢陰因君故鄉去還寄式微吟

送新安張少府歸秦中

試登秦嶺望秦川遥憶清明春可憐仲月送君從此去瓜時須及邵平田

送朱入秦

遊人五陵去寶劍直千金分手脱相贈平生一片心

早春潤州送從弟還鄉

兄弟遊吴国庭闈恋楚関已多新嵗感更餞白眉還歸

泝西江水離筵北固山鄉園欲有贈梅柳看先攀

送友人之京

君登青雲去余望青山歸雲山欲此别淚濕薜蘿衣

遊江西上留别冨陽裴劉二少府

西上遊江西臨流愠解携千山疊成嶂萬水寫爲溪石

淺流難注藤長險亦躋誰憐問苦勞嵗晏此中棲

送杜十四

荆吴日接水爲鄉君去春江正淼茫日暮征帆泊何處

天涯一望斷人腸

峴亭餞房璋崔宗之

貴賤生年隔軒車是日來清陽一覯止雲路豁然開祖

道衣冠列分亭驛騎催方期九日聚還待二星迴

送袁十三南尋舍弟

早聞牛渚詠今日鶺鴒心羽翼嗟零落悲鳴別故林蒼

梧白雲遠空水洞庭深萬里獨飛去南風遲尔音

孟浩然詩集卷中

孟浩然詩集卷下

詩

送謝録事之越　江上別流人

送王七尉松滋　洛下送奚三還楊州

送辛大不及　送先公之鄂渚尋觀生

送王九之江左　高陽池送朱一

送昌齡王君之　送崔遏

送盧少府使入秦　盧明府九日宴

夜登孔伯昭南樓　奉先張明府休沐還鄉

臨渙裴明府席　與崔二十一集衛明府席

盧明府早宴　宴包二融宅

宴張記室宅　白雲先生迥歌曰

尋張五

餞張郎中

送王昆季覲

澗南即事贈皎上人

過融上人蘭若

李氏園卧疾

過故人庄

同曹三御史泛湖歸越

西山尋辛諤

陪張丞相登嵩陽樓

晚春

投寄裴侍御

登峴亭寄張少府

送王宣從軍

送從弟邕下第

與王昌齡宴王十一

白雲先生見訪

田園作

上巳期諸公不至

建德江宿

送謝錄事之越

清旦江天迥涼風西北吹白雲向吴會征帆亦相隨想

到耶溪日應探禹穴奇仙書儻相示予在此山陲

江上別留人

以我越鄉里逢君謫居者分飛黃鵠樓流落蒼梧野驛使乘雲去征帆沿溜下不知從此分還袂何時把

送王七尉松滋 得陽雲臺

君不見巫山神女作行雲霏紅沓翠曉氛氳嬋娟流入楚王夢倏忽還隨零雨分空中飛去復飛來朝朝暮暮下陽臺愁君此去爲仙尉便逐行雲去不迴

洛下送奚三還楊州

水國無邊際舟行共使風羨君從此去朝夕見鄉中余亦離家久南行恨不同音書若有問江上會相逢

送辛大不及

送君不相見日暮獨愁緒江上獨徘徊天邊迷處所郡
邑經樊鄧山河入嵩汝蒲輪去漸遥石徑徒延佇

送先公之鄂渚尋覲生

桃花春水漲之子忽乘流峴下離蛟浦江中聞鶴樓贈
君青竹杖送尔白蘋羞應是神仙子相逢作漫遊

鸚鵡州送王九之江左

昔登江上黄鶴樓遥愛江中鸚鵡洲洲勢逶迤遶碧流
鴛鴦鸂鶒滿灘頭灘頭沙磧長煟煟
舟人牽錦纜浣女結羅裳月明全見蘆花白風起遥聞
杜若香君子來來莫相忘

高陽池送朱一

當昔襄陽雄盛時山公恒醉習家池池邊釣女自相隨

裝成照影竟來窺紅波淡淡芙蓉發綠岸彬彬楊柳垂
一朝物变人亦非四靣荒凉人徑稀意氣豪華何處去
空餘草露濕征衣此地朝來餞行者翻向此中牧征馬
征馬匆飛日漸斜見此空爲人所嗟殷勤爲訪桃源路
予亦歸來松子家

送昌齡王君之嶺南

洞庭去遠近楓葉早經秋峴首羊公愛長沙賈誼愁土
毛無縞紵鄉味有查頭已抱沉痾疾更貽魑魅憂數年
同筆硯兹夕間衾裯意氣今何在相思望斗牛

送崔遏

别館當虚敞離情任吐申因聲兩京舊誰念卧漳濱片
玉來誇楚治中作主人江山增潤色詞賦動陽春

送盧少府使入秦

楚關望秦國相去千里餘州縣勤王事山河轉使車祖
筵江上別離恨別前書顧及芳年賞嬌鶯二月初

盧明府九日宴袁使君張郎中崔員外

宇宙誰開闢江山此鬱盤登臨今古用風俗歲時觀地
理荊州分天涯楚客寬百城今刺史華省舊郎官共美
重陽節俱懷落帽歡酒邀彭澤載琴輟武城彈獻壽先
浮菊尋幽或坐蘭煙虹鋪藻麗松竹挂衣冠叔子神如
在山公興欲闌儔聞騎馬醉還向習池看

夜登孔伯昭南樓時沈太清宋鼎在座

誰家無風月此地有琴樽山水會稽郡詩書孔氏門再
來值秋杪高閣閑無喧華燭罷然蠟清絃方奏鵾沈侯

隱公亂朱子買目孫好我意不淺登茲同話言

奉先張明府休沐還鄉海亭宴集探得堦字

自君理畿甸余亦經江淮萬里音書斷數年雲雨乖歸來休澣日始得賞心諧先緩恩難重滄洲趣每懷樹低新舞閣山對舊書齋何以發秋興陰虫鳴夜堦

臨澳裴明府席遇張十一房六

河縣柳林邊河橋晚泊舡文叨才子會官喜故人連笑語同今夕輕肥異往年晨風理歸棹吳楚各依然

夏日與崔二十一同集衛明府席

言避一時暑池亭五月開喜逢金馬客同飲玉人盃舞鸖乘軒至遊魚擁劒來坐中殊未起簫管莫相催

盧明府早宴張郎中海園即事得秋字

邑有弦歌宰翔鸞巳狎鷗眷言華省舊暫拂海池遊鬱

島藏深竹前溪對舞樓更聞書卽事雲物是新秋

宴包二融宅

閑居枕清洛左右接人野門庭無雜賓車轍多長者是

時方盛夏風物自蕭洒五月休沐浴相携竹林下開襟

成懽趣對酌不能罷煙暝棲鳥迷余將歸白社

宴張記室宅

甲第金張館門庭車騎多家封漢陽郡文會楚材過曲

島浮觴酌前山入詠歌娗堂花映發書閣柳逶迤玉指

調箏柱金泥飾舞羅寧知書劒者歲月獨蹉跎

白雲先生迥歌曰

屈宋英聲今止巳江山繼嗣多才子懷者于今盡相似

聚宴王家其樂矣共賦新詩發宫徵書于屋壁彰厥美

清明日宴梅道士房

林卧愁春盡開軒覽物華忽逢青鳥使邀我赤松家金
竈初開火仙桃正落花童顔若可駐何惜醉流霞

寒食張明府宅宴

瑞雪初盈尺閑霄始半更列筵邀酒伴刻燭限詩成香
炭金爐暖嬌絃玉指清醉來方欲卧不覺曉鷄鳴

襄陽公宅飲

窈窕夕陰佳豐茸春色好欲覓淹留處無過狹斜道倚
席卷龍鬚香極浮瑪瑙北林積脩樹南池生別島手撥
金翠花心迷玉紅草談天光六義發論明三倒座非陳
子驚門還魏公掃榮華應無間歡娛當共保

韓大使東齋會岳上人諸學士

郡守虛陳榻林間召楚材山川祈雨畢雲物喜晴開抗禮尊縫掖臨流揖渡杯徒攀朱仲李誰薦和羹梅翰墨緣情製高深以意裁滄洲趣不遠何必問蓬萊

途中九日懷襄陽

去國似如昨倏然經杪秋峴山不可見風景令人愁誰採籬下菊應閑池上樓宜城多美酒歸與葛彊遊

初年樂城館中臥疾懷歸作

異縣天隅僻孤帆海畔過往來鄉信斷留滯客情多臘月聞雷震東風感歲和蟄蟲驚戶穴巢鵲眄庭柯徒對芳樽酒其如伏枕何歸來理舟楫江海正無波

初出關懷王大校書

向夕槐煙起蕊龍池館曛客中無偶坐闗外惜離群燭至螢光滅荷枯雨滴聞永懷蓬閣友寂寞滯楊雲

早寒江上有懷

木落鴈南渡北風江上寒我家襄水上遥隔楚雲端鄉淚客中盡孤帆天際看迷津欲有問平海夕漫漫

夏日南亭懷辛大

山光忽西落池月漸東上散髮承夕凉開軒臥閑敞荷風送香氣竹露滴清響欲取鳴琴彈恨無知音賞感此懷故人中宵勞夢想

除夜有懷

五更鍾漏欲相催四氣推遷往復迴帳裏殘燈纔去焰爐中香氣盡成灰漸看春逼芙蓉枕頓覺寒消竹葉杯

守歲家家應未卧相思那得夢魂來

秋宵月下有懷

秋空明月懸光彩露沾濕驚鵲棲未定飛螢卷簾入庭

槐寒影踈隣杵夜聲急佳期曠何許望望空佇立

閑園懷蘇子

林園雖少事幽獨自多違向夕開簾坐庭陰落影微鳥

過煙樹宿螢傍水軒飛感念同懷子京華去不歸

傷峴雲表觀主

少子學書劒秦吳多歲年歸來一登眺陵谷尚依然豈

意飡霞客溘隨朝露先因之閭閻里把背幾人全

賦得盈盈樓上女

夫聟久離別青樓空望歸粧成卷簾坐愁思懶縫衣燕

子家家入楊花處處飛空床難獨守誰爲報金徽

春意

佳人能畫眉粧罷出簾帷照水空自愛折花將遺誰春情多豔逸春意倍相思愁心極楊柳一動亂如絲

憶孟六　　王維

故人今不見日夕漢江流借問襄陽老江山空蔡州

憶張野人

與君園廬並微尚頗亦同耕釣方自逸壺觴趣不空門無俗士駕人有上皇風何必先賢傳唯稱龐德公

南山與卜老圃種瓜

樵牧南山近林閭北郭賒先人留舊業老圃作鄰家不種千株橘唯田五色瓜邵平能就我開徑有蓬麻

田家元日

昨夜斗迴北今朝歲起東我來已強仕無禄唯尚農桑野就耕父荷鋤隨牧童田家占氣候共説此年豊

裴司士員司户見尋

府寮能枉駕喜醞復新開落日池上酌清風松下來廚人具鷄黍稚子摘楊梅誰道山公醉猶能騎馬迴

李少府與楊九再來

弱歲早登龍今來憙再逢何如春月柳猶憶歲寒松煙火臨寒食笙歌達曙鍾喧喧鬭鷄道行樂羨明從

樵采作

採樵入深山山深樹重疊橋崩卧槎擁路險垂藤接日落伴將稀山風拂薜衣長歌負輕策平野望煙歸

仲夏歸漢南園寄京邑舊遊

嘗讀高士傳最嘉陶徵君日覩田園趣自謂羲皇人余復何爲者栖栖徒問津中年廢丘壑十上旅風塵忠欲事明主孝思侍老親歸來當炎夏耕稼不及春扇枕北窻下採芝南澗濵因聲謝同列吾慕潁陽真

歲晚歸南山

北闕休上書南山歸弊廬不才明主弃多病故人踈白髮催年老青陽逼歲除永懷愁不寐松月夜堂虛

尋張五迴夜於園作

聞說龐公隱移居近澗湖興來林是竹歸卧谷名愚掛席樵風便開軒琴月孤歲寒何用賞霜露故園蕪

同盧明府餞張郎中除義王府司馬就張瓜海

作

上國星河列賢王甲第開故人分職去潘令寵行來冠蓋趍梁苑江山失楚材預愁軒騎動賔客散池臺

送王吾昆季覲

公子戀庭闈芳歌步海沂水乗舟檝去親望老萊歸斜日催飛鳥清江照綵衣平生急難意遥仰鶺鴒飛

澗南郎事貽皎上人

弊廬在郭外素産唯田園左右林野曠不聞朝市喧釣竿垂北澗樵唱入南軒書取幽棲事將尋静者論

過融上人蘭若

山頭禪室挂僧衣窻外無人溪鳥飛黄昏半在下山路却聽松聲戀翠微

李氏園卧疾

我愛陶家趣園林無俗情春雷百果拆寒食四隣清伏枕嗟公幹歸山羨子平年年白社客空滯洛陽城

過故人莊

故人具鷄黍邀我至田家緑樹村邊合青山郭外斜開筵面場圃把酒話桑麻待到重陽日還來就菊花

同曹三御史汎湖歸越

秋入詩人意巴歌和者稀汎湖同逸旅吟會是思歸白簡徒推薦滄洲已拂衣杳冥雲海去誰不羨鴻飛

西山尋辛諤

漾舟尋水便因訪故人居落日清川裏誰言獨羨魚石潭窺洞徹沙岸歷紆餘竹嶼見垂釣茅齋聞讀書歎言

志景夕清興屬凉初面也一瓢飲賢哉常晏如

陪張丞相登嵩陽樓

獨步人何在嵩陽有故樓歲寒問耆舊行縣擁諸侯林莽北彌望沮漳東會流客中遇知己無復越鄉愁

晚春

二月湖水清家家春鳥鳴林花掃更落逕草踏還生酒伴來相命開罇共解醒當盃已入手歌妓莫停聲

聞裴侍御朏自襄州司戶除豫州以投寄

故人經河椽尚有栢臺威移職自樊衍芳聲聞帝畿昔予臥林巷載酒過柴扉松菊無時賞鄉園欲懶歸

登峴亭寄晉陵張少府

峴首風湍急雲帆若鳥飛憑軒試一問張翰欲來歸

送王宣從軍

才有幕中士寧無塞上勲隆兵初滅虜王粲始從軍旌旆邊庭去山川地脉分平生一匕首感激贈夫君

送從弟邕下第後尋會稽

疾風吹征帆倏爾向空没千里在俄頃三江坐超忽向來共歡娛日夕成楚越落羽更分飛誰能不驚骨

與王昌齡宴王十一

歸來卧青山甞䰟在青都漆園有傲吏惠縣在招呼書幌神仙録畫屏山海圖酌霞後對此苑似入蓬壺

白雲先生王逈見訪

閑歸日無事雲卧晝不起有客欵柴扉自云巢居子居閑好芝朮採藥來城市家在鹿門山常遊澗澤水手持

白羽扇脚步青芒履聞道鶴書徵臨流還洗耳

田園作

弊廬隔塵喧唯先尚恬素卜隣近三徑植果盈十樹粤余任推遷三十猶未遇書劍時將晚立園日已暮晨興日多懷晝坐常寡悟冲天羨鴻鵠争食嗟雞鶩望斷金馬門勞歌採樵路鄉曲無知已朝端之親故誰能爲楊雄一薦甘泉賦

上巳日澗南園期王山人陳七諸公不至

摇艇候明發花源弄晚春在山懷綺季臨漢憶思陳上巳期三日浮盃興十春坐歌空有待行樂恨無隣日晚蘭亭北煙開曲水濱浴蚕逢姹女採艾值幽人石壁堪題序沙場妙解神羣公望不至虚擲此芳辰

建德江宿

移舟泊煙渚日暮客愁新野曠天低樹江清月近人

孟浩然詩集卷第三

中華古籍保護計劃

ZHONG HUA GU JI BAO HU JI HUA CHENG GUO

·成果·

(唐)王維 撰 (唐)孟浩然 撰

宋本王摩詰文集
宋本孟浩然詩集

第一册

國家圖書館出版社

圖書在版編目(CIP)數據

宋本王摩詰文集 / (唐)王維撰. 宋本孟浩然詩集 / (唐)孟浩然撰.—北京:國家圖書館出版社,2017.12(2024.9 重印)

(國學基本典籍叢刊)

ISBN 978-7-5013-6328-5

Ⅰ.①宋… ②宋…　Ⅱ.①王… ②孟…　Ⅲ.①王維(699—759)—文集 ②唐詩—詩集　Ⅳ.①I214.202 ②I222.742

中國版本圖書館 CIP 數據核字(2017)第 293376 號

書　　名　宋本王摩詰文集　宋本孟浩然詩集(全二册)
著　　者　(唐)王維　撰　(唐)孟浩然　撰
責任編輯　張　頎　張慧霞
重印編輯　張珂卿
封面設計　徐新狀

出版發行　國家圖書館出版社(北京市西城區文津街 7 號　100034)
(原書目文獻出版社　北京圖書館出版社)
010-66114536　63802249　nlcpress@nlc.cn(郵購)
網　　址　http://www.nlcpress.com
印　　裝　河北三河弘翰印務有限公司
版次印次　2017 年 12 月第 1 版　2024 年 9 月第 2 次印刷

開　　本　880×1230　1/32
印　　張　16.125
書　　號　ISBN 978-7-5013-6328-5
定　　價　48.00 圓

《國學基本典籍叢刊》編委會

《國學基本典籍叢刊》前言

國家圖書館出版社（原名書目文獻出版社 北京圖書館出版社）成立三十多年來，出版了大量的中國傳統文化典籍。由於這些典籍的出版往往采用叢書的方式或綫裝形式，供公共圖書館和大學圖書館典藏使用，普通讀者因價格較高、部頭較大，不易購買使用。爲弘揚優秀傳統文化，滿足廣大普通讀者的需求，現將經、史、子、集各部的常用典籍，選擇善本，分輯陸續出版單行本。每書之前均加簡要説明，必要者加編目録和索引，總名《國學基本典籍叢刊》。歡迎讀者提出寶貴意見和建議，以使這項工作逐步完善。

國家圖書館出版社

二〇一六年四月

總目録

第一册

王摩詰文集十卷(卷一—六) (唐)王維 撰　宋刻本

第二册

王摩詰文集十卷(卷七—十) (唐)王維 撰　宋刻本

孟浩然詩集三卷 (唐)孟浩然 撰　宋刻本

第一册目録

王摩詰文集十卷（卷一—六）

（唐）王維 撰 宋刻本

卷四 應制 應教 唱和 酬答……一四九

卷六　雜詩……一九七

(唐)王維 撰

王摩詰文集十卷(卷一——六)

宋刻本

據國家圖書館藏宋刻本影印原書
版框高十八點三厘米寬十一點二
厘米

序　言

王維，名維，字摩詰，合而爲維摩詰，唐代著名詩人。《維摩詰經》説維摩詰乃天竺毗舍離城的居家菩薩，精通佛理，辯才無礙，法力無邊。王維深受禪宗影響，一生如維摩詰亦禪亦俗，亦深享佛禪智慧和人生樂趣。

據兩《唐書》，王維生於武后長安元年（七〇一），卒於上元二年（七六一），享年六十一歲。王維祖籍太原祁縣（今山西祁縣），移家於蒲州（今山西永濟），爲河東人。

王維早歲喪父，三十喪妻，膝下無子，『人生四悲』而有其三。然其命中多貴人助：十五遊宦二京而大爲諸貴所欽矚；二十一登進士第而解褐；三十五受知明相而擢右拾遺，自此供職唐室中央而官至右丞；即便早年遭貶、晚年陷賊之兩次驚魂，亦逢凶化吉而有驚無險。

王維素質特異，天機清妙，詩樂書畫無所不精。顧起經（一五一五—一五六九）《題王右丞詩箋小引》贊曰：『其爲詩也，上薄騷雅，下括漢魏，博綜群籍，漁獵百氏。於史、子、《蒼》、《雅》、緯

候、鈐決、内學、外家之説，苞總並統，無所不窺。』王維亦乃『幹才』也，其一生三次出使，開元二十五年（七三七）以監察御史出使凉州，開元二十八年（七四〇）以選補副使赴桂州，知南選。天寶四年（七四五）以侍御史出使榆林、新秦二郡。

王維乃盛唐時期的頂級詩人，代宗皇帝敕以『天下文宗』，同僚呼以『當代詩匠』，当时其人之影響力與其詩之接受面非李杜可頡頏矣。當代著名學者林庚評價王維：『王維在文藝上的全面發展，也就使得他在詩歌裏成爲一個全面的人才。我們很難指出王維詩歌的特點，因爲他發展得如此全面，如果一定要指出，那就是代表整個盛唐詩歌的特點。』林庚認爲王維詩『那也就是當時詩歌的主流』。王維是盛唐盛世的產物，換言之，衹有盛世纔可能出現王維，出現王維詩熱。

王維各體皆擅，四言、五言、六言、七言、雜言、近體古風，皆有佳作，而尤長五言。其五言詩，約占所有存詩的四分之三。《册府元龜》曰：『王維有俊才，尤工五言詩。獨步於當時，染翰之後，人皆諷誦。』蘇軾《次韻黄魯直書李伯時畫王摩詰》曰：『欲覓王右丞，還向五字求。詩人與畫手，蘭菊芳春秋。』王維讓人歎爲觀止的是山水田園詩，而頗多澹麗可觀者，如《輞川集》《終南别業》《終南山》《山居秋暝》《山居即事》《渭川田家》《輞川閑居贈裴秀才迪》《過感化寺曇興上人山院》等。他將大自然作爲一種精妙語言而精妙運用，特别擅長表現光影迷離的玄幻美。他把社會

的和諧帶入自然，又將自然的和諧投射到社會，其充滿祥和寧静的詩，成爲盛唐盛世的藝術象徵。

王維是盛唐邊塞詩之先驅，他將邊關戰事爲中心的邊關生活與邊地風情引入詩中，創作了一批形象飽滿而氣骨高峻的邊塞詩，《使至塞上》《出塞作》《隴西行》《從軍行》以及《送張判官赴河西》《送劉司直赴安西》《送平澹然判官》等，境界蒼莽，氣象渾厚，創新了邊塞詩美學的新境界，改變了傳統邊塞詩『捕風捉影』的作法，亦改變了邊塞詩偏重内容而疏於藝術的粗獷之風。

王維極擅『朝省詩』，或應制應教，或同僚唱酬，詩風華秀，氣象渾灝，生動反映了盛世風貌。王維《和賈舍人早朝大明宫之作》飽享盛譽，岑參、杜甫的同題和詩皆遠不及也。王維《奉和聖制從蓬萊向興慶閣道中留春雨中春望之作應制》《從岐王過楊氏别業應教》等詩，皆意藴生動，真趣彌漫，洵爲唐代『朝省詩』之第一人也。

王維的寄贈酬酢詩，約占其存詩四分之一，如《九月九日憶山東兄弟》《送元二使安西》《送梓州李使君》《送丘爲落第歸江東》《送沈子歸江東》等，最能表現豐富而微妙的人際關係，既可見其君子人格，也寫其澹泊情懷，具有直逼人心的情感震懾力。

王維詩，乃詩的哲學，亦哲學的詩，擅長以詩作人類終極關懷之思考，表現人類超越有限而追求無限以達到永恒的理想，尋求人類精神生活的最高寄託。『行到水窮處，坐看雲起時』（《終南别

業》）、『但去莫復問，白雲無盡時』（《送別》），自然人生與佛禪相融爲一，詩境亦是禪境。他的五絶小詩如《辛夷塢》《鹿柴》《木蘭柴》《鳥鳴澗》《書事》等，禪趣飽滿，韻致深幽。王維詩中『空』字多至八十餘處，『空』亦即『空性』，即所有事物不能脱離其他事物而單獨存在的特性，如《山居秋暝》中之『空』境，以蓬勃生機而象喻紛紜色相，而引發讀者熱愛生活、熱愛生命的生存思考。

王維最突出的思想品格就是澹泊名利，最重要的思想方法就是無可無不可。他早期作品如《李陵詠》《老將行》《濟上四賢詠》《寓言》《不遇詠》等，亦有極强之社會性，矛頭直指豪門貴族，抨擊才士坎坷不遇的不合理現象；其《洛陽女兒行》《西施詠》《息夫人》《班婕妤》等以比興手法，諷刺上層社會的驕奢淫逸，批判人生浮沉全憑際遇的炎凉世態。然與李杜比，其詩的社會意義尚不夠深刻，批判精神尤顯薄弱，這也是後人將其置於李杜之下的根本原因。

總的説來，王維將意境做到極致，其詩渾厚雋永，乃詩教的極品。王維自我評價説：『宿世謬詞客，前身應畫師。』王維本質上是個詩人，是個身負皇差的非專職詩人，然卻是詩人中的詩人，盛唐超一流詩人。他離政治遠，而離人情近；離社會遠，而離自然近；離群體遠，而離内心近。

王維詩文集由其弟王縉搜集整理，全書共十卷，四百餘篇，分賦、歌、詩、贊、書、序、記、文、表、狀、應制、墓誌、碑銘、雜詩等。《舊唐書·王維傳》載：『代宗好文，常謂縉曰：「卿之伯氏，天寶

中詩名冠代，朕嘗於諸王座聞其樂章。今有多少文集，卿可進來。」縉曰：「臣兄開元中詩百千餘篇，天寶事後，十不存一。比於中外親故間相與編綴，都得四百餘篇。」』

《王摩詰文集》以宋蜀刻本爲最早。宋代蜀地曾大量刊刻唐人文集，然存世僅《李太白文集》《駱賓王文集》《王摩詰文集》三種。《王摩詰文集》鈐有收藏印，迭經明清名家收藏而流傳有緒，後爲周叔弢所得而捐贈北京圖書館（今國家圖書館）。由於此刻本刊刻年代最接近於作品年代，歷來爲研究者與藏家格外看重。今國家圖書館出版社據宋刻本《王摩詰文集》影印出版，無論是對於收藏者還是研究者抑或一般讀者，都是件利好盛事。國家興，詩賦興。盛世讀王維，不啻爲一種福祉也。

王志清

丁酉仲秋於三養齋

王摩詰文集
表目一卷
北宋本 第一冊

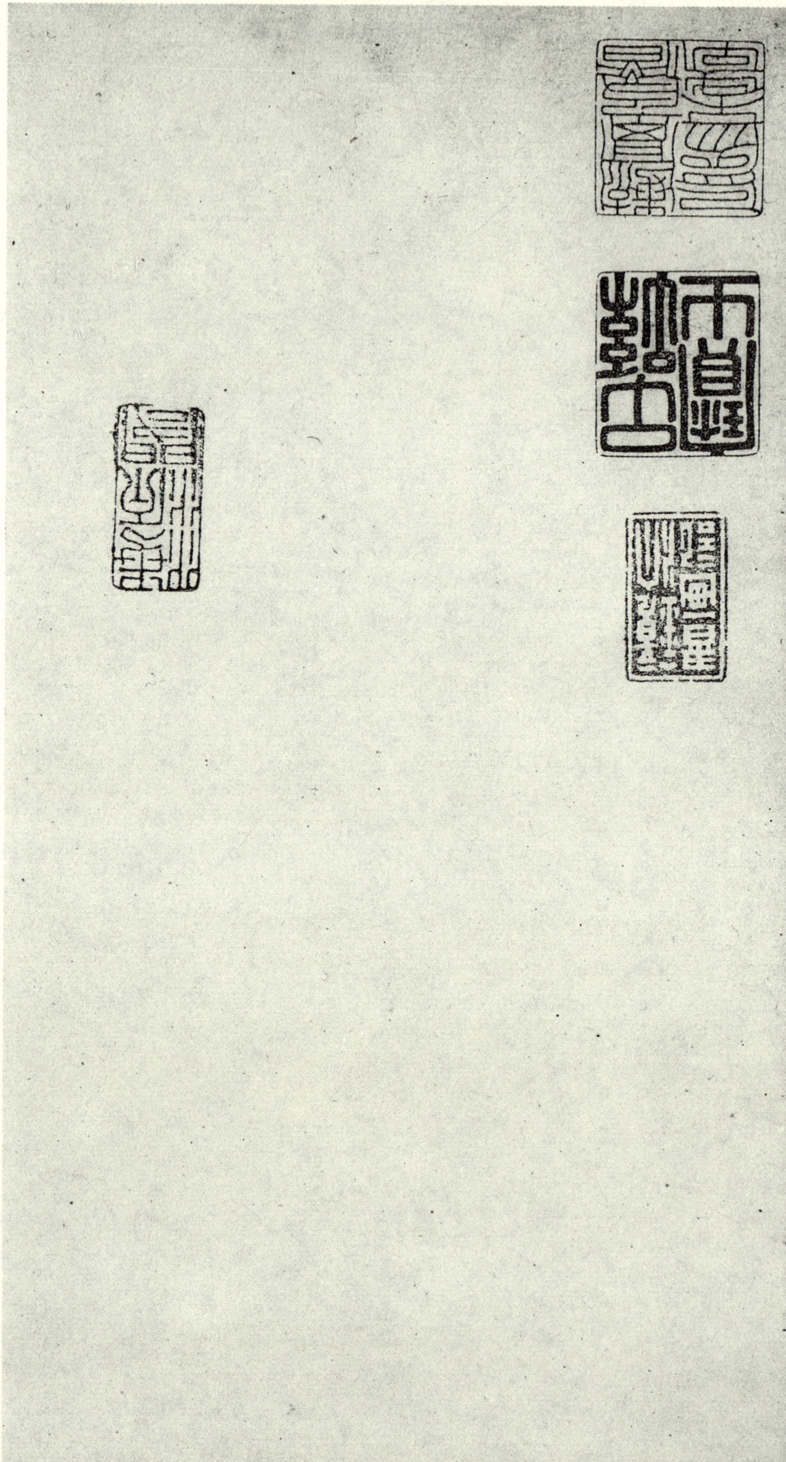

四

進王摩詰文集表

臣縉言中使王承華奉宣進止令臣進士兄故尚書右丞維文章恩命忽臨以驚以喜退因編錄又竊感傷臣兄文詞立身行之餘力當官堅正秉操孤直縱居要劇不忘清靜實見時輩許以高流至於晚年弥加進道端坐虛室念茲無生乘興爲文未嘗廢業或散朋友之上或留篋笥之中臣近搜求尚慮零落詩筆共成十卷今且隨表奉進曲承天鑒下訪遺文塊而有知荷寵光於幽穸殁而不朽成大名於聖朝臣不勝感戴悲歡之至謹奉表以聞臣縉誠惶誠恐頓首頓首謹言

銀青光禄大夫尚書兵部侍郎兼御史大夫臣王　縉　表上

答詔

勑御之伯氏天下文宗位歷先朝名高希代抗行周
雅長揖楚詞調六氣於終篇正五音於逸韻泉飛藻
思雲散襟情詩家者流時論歸美誦於人口久鬱文
房謌以國風宜登樂府眎朝之後乙夜將覽石室所
藏殁而不朽栢梁之會今也則亡乃眷棣華克成編
録聲猷益茂歎息良深

王摩詰文集目録

第一卷　　王維　字摩詰

賦　歌　詩　讚

白鸚鵡賦　　登樓歌

夷門歌　　雙黃鵠歌

松樹歌　　青雀歌五首

望終南山歌　　送友人歸山歌二首

魚山神女祠歌二首　　迎神曲

送神曲　　扶南曲歌詞五首

隴頭吟　　老將行

燕友行　　從軍行

第二卷

書　序　記　文　讚

宴韋司戶南亭序　送鄭五赴任序

送從弟序　送衡嶽瑗公序

冬笋記　讚佛文

西方變畫讚并序　繡如意輪像讚并序

紫芝木瓜讚并序　畫阿弥陁變讚并序

祭李貟外文　祭房郎中文

祭李舍人文　祭沙陁鄯國夫人

祭武大將軍文　祭姜將軍文

祭王郎中文　爲人祭其官文

第三卷

表狀　露布

賀古樂器表　賀玄元皇帝見眞容表
賀取石堡城表　謝賜物表
謝除太子中允表　謝集賢學士表
爲畫人謝賜表　謝寫眞表
謝御書集賢院額表
進注仁王經表　謝夔州刺史表
謝御題塔額表　問下起赦書表
責躬薦弟表　請施莊爲寺表
請上佛殿梁表　和勑詳帝皇龜鏡圖狀
帝皇龜鏡圖兩卷令簡擇訖進狀
請迴職田粟施貧人粥狀

第四卷

和聖製賦樂賢詩

和聖製送朝集使歸郡

和聖製送不蒙都護兼鴻臚卿歸安西

曲江侍宴

和聖製十五夜燃燈

和聖製重陽節宰臣上壽

和聖製賜吏供奉曲江宴

勤政樓侍宴

因王芝慶雲賜宴樂

賜百官櫻桃

和聖製天長節賜宰臣歌

和聖製聖札賜宰臣連珠詞 五首

勑借岐王九成宮避暑應教

從岐王過楊氏别業應教

從岐王夜讌衛家山池應教

和尹諫議史館山池

和陳監四郎秋雨中思從弟據

和僕射晉公扈從溫湯

和宋中丞夏日遊福賢觀天長寺

和賈舍人早朝大明宫之作

瓜園詩 并序

同崔傳荅賢弟

有懷靜者季

秋霄寓直

沈拾遺新竹生讀經處

同盧拾遺韋給事東山別業

和西樓望遠思歸　和温湯寓目

和秋夜即事　訓諸公見過

訓蘇員外過藍田別業

訓楊員外見贈

苑舍人能書梵字兼達梵音戲爲之贈

苑減荅并序　重訓苑郎中并序

訓郭給事七言　訓嚴少尹徐舍人

暮容承見遇　訓暮容十一

第五卷

謁璿上人 并序

青龍寺曇壁上人兄院集 并序

秋夜對雨　嚴少尹見過

過乘如禪師蕭居士嵩丘蘭若

過曇興上人山院　謁操禪師

鄭果州相過　訪呂逸人不遇

春過賀遂藥園　過香積寺

過崔駙馬山池

河南嚴尹弟見宿弊盧訪別

第七卷

碑

第八卷

碑墓誌

潞川刺史榮國夫人墓誌銘 并序

王公夫人成氏墓誌銘 并序

裴府君墓碑銘

第九卷

餞送　留別　遊覽

送李太守　送秘書朝監

祢郎中　送李判官

送康太守　送陸貟外

送封太守　送王尊師

送崔五太守　送宇文太守

送嚴秀才　送李睢陽

送從弟蕃遊淮南　送平澹然判官
送孫秀才　送韋評事
送權二　送高道弟耽
送劉司直　送別
送從弟　送趙都督
送黎拾遺　送韋明府
送李員外　送李使君
送楊少府貶郴州　送張諲
送友人南歸　送賀遂員外
送楊長史赴果州　送張舍人
送韋大夫赴留守　送邢桂州

第十卷

千塔主人　使至塞上
渡河到清河作　苦熱
納涼　四賢詠三首
崔録事　成文學
鄭霍二山人　偶然作六首
西施詠　李陵詠
燕子龕禪師詠　息夫人
班婕妤三首　晚春閨思
羽林騎閨人　戲題示蕭外甥
冬夜書懷　秋夜獨坐
不遇詠　侍儲光羲不至

聽宮鶯　聽百舌

題友人雲母障　清如玉壺氷

劇嘲史寰　紅牡丹

左掖梨花詠　早朝二首

裴迪來相看説逆賊口号誦示裴迪

口号又示裴迪　直門下省早朝

愚公谷三首　寓言二首

雜詩五首　獻始興公

上張令公　崔興宗寫真詠

山茱萸詠　涼州賽神

哭殷遥二首　哭孟浩然

哭褚司馬　　哭沈居士

哭祖六自虛　　歎白髮二首

過始皇墓　　徐太師挽歌四首

杜太守挽歌三首　　南陽夫人挽歌二首

王摩詰文集目錄終

王摩詰文集卷第一

賦　歌　詩　讚

贈遠二首　閨人春思

秋夜曲二首　太平詞二首

遊春曲二首　送春辭

塞上曲二首　從軍辭

隴上行　閨人贈遠五首

白鸚鵡賦

若夫名依西域族本南海同朱喙之清音變綠衣於素彩惟茲鳥之可貴諒其美之斯在尒其入翫於人見珍奇質狎蘭房之妖女去桂林之雲日易喬枝以羅袖代危巢以瓊室慕侶方遠依人永畢託言語而雖通顧形影而非匹經過珠網出入金鋪單鳴無應

隻影長孤偶白鷴於池側對皓鸖於庭隅愁混色而難辨願知名而自呼明心有識懷思無極芳樹絶想雕梁撫翼時銜花而不言每投人以方息慧性孤禀雅容非飾含火德之明輝被金方之正色至如海鷰呈瑞有玉筐之可依山雞學舞向寶鏡而知歸皆羽毛之偉麗奉日月之光輝豈憐兹鳥地遠形微色凌納質彩奪繒衣深籠久閉喬木長違儻見借其羽翼與遷鶯而共飛

登樓歌

聊上君兮高樓飛甍鱗次兮在下俯十二兮通衢綠槐參差兮車馬却瞻兮龍首前眺兮宜春王畿鬱兮

千里山河壯兮咸秦舍人下兮青宮據胡牀兮書空
執戟疲於下位老夫好隱兮牆東亦幸有張伯英草
聖兮龍騰虯躍擺長雲兮捩迴風琥珀酒兮彫胡飯
君不御兮日將晚秋風兮吹衣夕鳥兮爭返孤砧發
兮東城林薄暮兮蟬聲遠時不可兮再得君何為兮
偃蹇

夷門歌

七雄雄雌猶未分攻城殺將何紛紛秦兵益圍邯鄲
急魏王不救平原君公子為嬴傳駟馬執轡愈恭意
愈下亥為屠肆鼓刀人嬴乃夷門抱關者非但慷慨
獻奇謀意氣兼將身命酬向風刎頸送公子七十老

翁何所求

雙黃鵠歌送別　時爲節度判官在凉府作

天路來兮雙黃鵠雲上飛兮水上宿撫翼和鳴整羽族不得已忽分飛家在玉京朝紫微主人臨水送將歸悲笳嘹唳垂舞衣賓欲散兮復相依幾往返兮極浦尚徘徊兮落暉岸上火兮相迎將夜入兮邊城鞍馬歸兮佳人散悵離憂兮獨含情

新秦郡松樹歌

青青山上松數里不見今更逢不見君心相憶此心向君君應識爲君顏色高且閑亭亭迥出浮雲間

青雀歌

青雀翅羽短未能遠食玉山禾猶勝黃雀爭上下唧
唧空倉復若何

同前　盧象

啾啾青雀兒飛來飛去仰天池逍遙飲啄安涯分何
假扶搖九万爲

同前　王縉

林間青雀兒來往翩翩繞一枝莫言不解銜環報但
問君恩今若爲

同前　崔興宗

青雀繞青林翩翾陋騂一微禽不應長在藩籬下他
日凌雲誰見心

同前　裴迪

動息自適性不曾妄與鷰雀群幸忝鴛鸞早相識何時提攜致青雲

贈徐中書望終南山歌

晚下兮紫微悵塵事兮多違駐馬兮雙樹望青山兮不歸

送友人歸山歌二首

山寂寂兮無人又蒼蒼兮多木群龍兮滿朝君何為兮空谷文寡和兮思深道難知兮行獨悦石上兮流泉與松間兮草屋入雲中兮養雞上山頭兮抱犢神與棗兮如瓜虎賣杏兮收穀愧不才兮妨賢嫌既老

兮貪禄誓解印兮相從向詹尹兮何卜

山中人兮欲歸雲冥冥兮雨霏霏水驚收兮翠菅靡

白鷺忽兮翻飛翻飛君不可兮褰衣山万重兮一雲混天

地兮不分樹曈曖兮氛氲徠不見兮空鬬忽山西兮

夕陽見東皋兮遠村平蕪緑兮二里眇惆悵兮思君

魚山神女祠歌二首

迎神曲

伏坎擊鼓魚山之下吹洞簫望極浦女巫進紛屢舞

陳瑶席湛清酤風淒淒兮夜雨神之來兮不來使我

心兮苦復苦

送神曲

紛進拜兮堂前目眷眷兮瓊筵來不語兮意不傳作暮雨兮愁空山悲急管思繁絃靈之駕兮儼欲旋倏雲收兮雨歇山青青兮水潺湲

扶南曲歌詞五首

翠羽流蘇帳春眠曙不開羞從面色起嬌逐語聲來早向昭陽殿君王中使催

堂上青絃動堂前綺席陳齊歌盧女曲雙舞洛陽人傾國徒相看寧知心所親

香氣傳空滿粧華影箔通歌聞天仗外舞出御樓中日暮歸何處花間長樂宮

宮女還金屋將眠復畏明入春輕衣好半夜薄粧成

拂曙朝前殿玉墀多珮聲
朝日照綺窻佳人坐臨鏡散黛恨猶輕插釵嫌未正
同心勿遽遊幸待春粧竟

隴頭吟

長城少年遊俠客夜上戍樓看太白隴頭明月迥臨
關隴上行人夜吹笛關西老將不勝愁駐馬聽之雙
淚流身經大小百餘戰麾下偏裨万户侯蘇武才為
典屬國節旄空盡一作零落海西頭

老將行

少年十五二十時步行奪取胡馬騎射殺山中白額
虎肯數鄴下黄鬚兒一身轉戰三十里一劍曾當百

万師漢兵奮迅如霹靂虜騎崩騰畏蒺藜衛青不敗
由天幸李廣無功緣數奇自從弃置便衰朽世事蹉
跎成白首昔時飛箭無全目今日垂楊生左肘路傍
時賣故侯瓜門前學種先生柳茫茫古木連窮巷滄
洛寒山對虛牖誓令疎勒出飛泉不似潁川空使酒
賀蘭山下陣如雲羽檄交馳日夕聞節使三河募年
少詔書五道出將軍試拂鐵衣如雪色聊持寶劍動
星文願得燕弓射天將耻令越甲鳴吴軍莫嫌舊日
雲中守猶堪一戰取功勳

燕支行　時年二十一

漢家天將才且雄來時謁帝明光宫万乘親推雙闕

下千官出餞五陵東誓辭甲第金門裏身作長城王
塞中衛霍才堪一騎將朝廷不數貳師功趙魏燕韓
多勁卒關西俠少何咆勃報讎只是聞嘗膽飲酒不
曾妨刮骨畫戟雕戈白日寒連旗大旆黃塵沒疊鼓
遥翻逾海波鳴笳亂動天山月麒麟錦帶佩吳鉤颯
踏青驪躍紫騮拔劍已斷天驕臂歸鞍共飲月支頭
漢兵大呼一當百虜騎相看哭且愁教戰雖令赴湯
火終知上將先伐謀

從軍行

吹角動行人喧喧行人起笳悲馬嘶亂爭渡金河水
日暮沙漠垂戰聲煙塵裏盡繫名王頸歸來獻天子

桃源行　時年十九

漁舟逐水愛山春兩岸桃花夾去津坐看紅樹不知
遠行盡青溪不見人山口潛行始隈隩山開曠望旋
平陸遥看一處攢雲樹近入千家散花竹樵客初傳
漢姓名居人未改秦衣服居人共住武陵源還從物
外起田園月明松下房櫳靜日出雲中雞犬喧驚聞
俗客爭來集競引還家問都邑平明閭巷埽花開薄
暮漁樵乘水入初因避地去人間更問成仙遂不還
峽裏誰知有人事世中遥望空雲山不疑靈境難聞
見塵心未盡思鄉縣出洞無論隔山水辭家終擬長
游衍自謂經過舊不迷安知峯壑今來變當時只記

入山深青溪幾度到雲林春來遍是桃花水不辨仙
源何處尋

隴西行

十里一走馬五里一揚鞭都護軍書至匈奴圍酒泉
關山正飛雪烽戍斷無煙

早春行

紫梅發初遍黄鳥歌猶澁誰家折揚柳弄春如不及
愛水看粧坐羞人映花立香畏風吹散衣愁露霑濕
玉閨青門裏日落香車入游衍益相思含啼向綵帷
憶君長入夢歸晚更生疑不及紅簷鷰雙棲緑草時

洛陽女兒行　時年十八

洛陽女兒對門居纔可顏容十五餘良人玉勒乘驄馬侍女金盤膾鯉魚畫閣朱樓盡相望紅桃緑柳垂簷向羅帷送上七香車寶扇迎歸九華帳狂夫富貴在青春意氣驕奢劇等倫自憐碧玉親教舞不惜珊瑚持與人春窻曙滅九微火九微片片飛花璅戲罷曾無理曲時粧成秖是薰香坐城中相識盡繁華日夜經過趙李家誰憐越女顏如玉貧賤江頭自浣紗

少年行四首

新豐美酒斗十千咸陽遊俠多少年相逢意氣爲君飲繫馬高樓垂柳邊

出身仕漢羽林郎初隨驃騎戰漁陽孰知不向邊庭

苦縱死猶聞俠骨香

一身能擘兩彫弧虜騎千重只似無偏坐金鞍調白羽紛紛射殺五單于

漢家君臣歡宴終高議雲臺論戰功天子臨軒賜侯印將軍佩出明光宫

皇甫岳寫真讃

有道者占其神則清雙眸朗暢四氣和平長江月影太華松聲周而不器獨也難名且未婚嫁猶寄簪纓燒丹藥就辟穀將成雲漢之下法本無生

裴右丞寫真讃

澹尔清德居然素風氣和容衆心静如空智以窮理

才包至公大盜振駭群㠯困蒙忘身徇節歷險能通

仁者之勇義無失忠凝情取像惟雅則同粉繪不及

清明在躬麟閣之上其誰比崇

白鼉渦　雜言走筆

南山之瀑水兮激石瀉瀑似雷驚人相對兮不聞語

聲鼉鼉渦跳沫兮蒼苔濕癬老且厚春草爲之不生獸

不敢驚動鳥不敢飛鳴白鼉渦濤戲瀨兮委身以縱

横主人之仁兮不網不鈎得遂性以生成

黄雀癡　雜言走筆

黄雀癡黄雀癡謂言青鷇是我兒一一口銜食養得

成毛衣到大啁啾觧游颺各自東西南北飛薄暮空

巢上𩿨雎獨自歸鳳皇九雛亦如此慎莫愁思顦顇損容輝

贈裴迪　雜言

不相見不相見來久月日泉水頭常憶同攜手攜手本同心復歎忽分襟相憶今如此相思深不深

榆林群歌

山頭松栢林山下泉聲傷客心千里万里春草色黄河東流流不息黄龍戍上遊俠兒愁逢漢使不相識

問寇校書雙溪　雜言

君家少室西爲復少室東別來幾日今春風新買雙溪定何以餘生欲寄白雲中

寄崇梵僧　雜言

崇梵僧崇梵僧秋歸覆釜春不還落花啼鳥紛紛亂澗户山窻寂寂閑峽裏誰知有人事郡中遥望空雲山

宋進馬哀詞　并序

宋進馬者中書舍人宋公之子也公無弟兄子一而已交則有擇德亦惟肖忽疾倏逝醫不及視宋公哀之他人悲之故爲詞曰

背春涉夏兮衆木蔼以繫陰連金華與玉堂兮宫閤鬱其沉沉百官並入兮何語笑之啞啞君獨靜嘿以傷心草王言兮不得辭裁悲減思兮少時僕夫命駕

兮出闤闠歷通逵陌上人兮如故識不識兮往來眼中不見兮吾兒驟紫騮兮從青驪低光垂彩兮況不知其所之闢朱户兮望華軒意斯子兮候門忽思瘞兮城南心瞀亂兮重昏仰訴天之不仁兮家唯一身身止一子何胤嗣之不繁就單尠而又死將清白兮遺誰問詩禮兮已矣變從中兮不可勝豈暇料餘年兮復幾日黯黯兮積曄鳥翩翩言疾飛邈窮天兮不返疑有日兮來歸靜言思兮永絕復號叫兮沾衣客有弔之者曰觀未始兮有物同委蜕兮胡悲且延陵兮未至況西河兮不知學無生兮庶可幸能聽於吾師

翰林學士知制誥王涯

獻壽詞

宮殿參差列九重祥雲瑞氣捧堦濃微臣欲獻唐堯壽遥指南山對袞龍

遊春詞二首

曲江絲柳變煙條寒谷冰隨暖氣銷纔見春光生綺陌已聞清樂動雲韶

經過柳陌與桃溪尋逐春光着處迷鳥度時時衝絮起花繁衮衮壓枝低

愁思二首

綢軒凉吹動輕衣夜聽更長玉漏稀月渡天河光轉

濕鵲驚秋樹葉頻飛

宮連太液見滄波暑氣微消秋意多一夜輕風蘋末起露珠翻盡滿池荷

從軍辭

髭頭夜落捷書飛來奏金門看賜衣白馬將軍頻破敵黄龍戍卒幾時歸

塞下曲二首

辛勤幾出黄花戍迢遰初隨細栁營塞晚每愁殘月苦邊愁更逐斷蓬驚

年少辭家從冠軍金裝寶劒去邀勲不知馬骨傷寒水唯見龍城起暮雲

平戎辭二首

太白秋高助後兵長風夜卷虜塵清男兒解却腰間
劒喜見從王道化平

卷旆生風喜氣新早持龍節靜邊塵漢家天子圖麟
閣身是當今第一人

贈遠二首

當年只自守空帷夢見關山覺別離不見鄉書傳鴈
足唯看新月吐蛾眉

獸攀楊柳臨青閣閑揉芙蕖傍碧潭走馬臺邊人不
見拂雲堆畔戰初酣

閨人春思

愁見遊空百丈絲春風挽斷更傷離閑花落盡青苔
地盡日無人誰得知

秋夜曲二首

丁丁漏水夜何長漫漫輕雲露月光秋逼暗蟲通夕
響寒衣未寄莫飛霜

桂魄初生秋露微輕羅已薄未更衣銀箏夜久殷勤
弄心怯空房不忍歸

太平詞二首

風俗今和厚君王在穆清行看探花曲盡是太階平

聖德超千古皇威靜四方蒼生今息戰無事覺時長

遊春曲二首

萬樹江邊杏新開一夜風蒲園深淺色照在綠波中
上苑何窮樹花開次第新香車與絲騎風靜亦生塵

送春辭

日日人空老年年春更歸相歡在樽酒不用惜花飛

塞上曲二首

天驕遠塞行出鞘寶刀鳴定是酬恩日今朝覺命輕
塞虜常爲敵邊風已報秋平生多志氣箭底覔封侯

從軍辭二首

蔡甲從軍久風雲識陣難今朝拜韓信計日斬成安
鸞領多奇相狼頭敢犯邊寄言班定遠正是立功年

隴上行

負羽到邊州鳴笳度隴頭雲黄知塞近草白見邊秋

閨人贈遠五首

花明綺陌春柳拂御溝新為報遼陽客流芳不待人

遠戍功名薄幽閨年皃傷妝成對春樹不語淚千行

啼鸎綠樹深語鷰雕梁晚不省出門行沙場知近遠

形影一朝别煙波千里分君看望君處衹是起行雲

洞房今夜月如練復如霜為照離人恨亭亭到曉光

王摩詰文集卷第一

學詩一

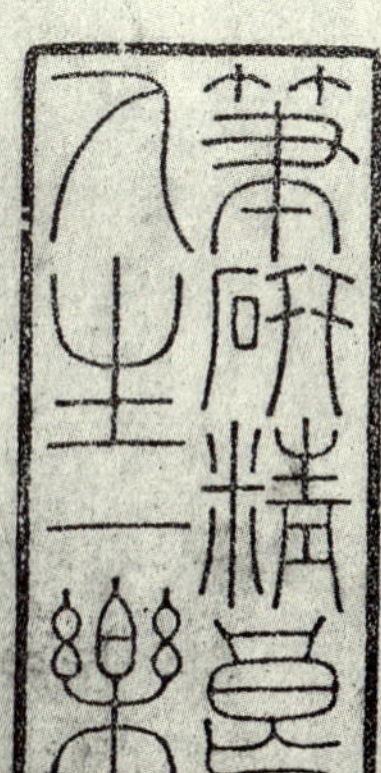
筆硯精良
人生一樂

王摩詰文集　二卷　北宋本　第二冊

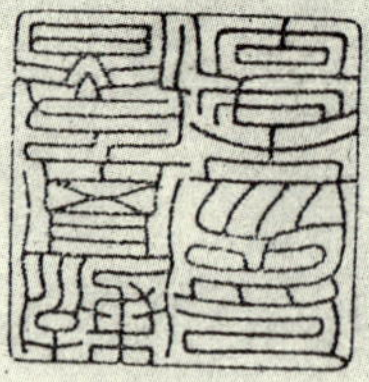

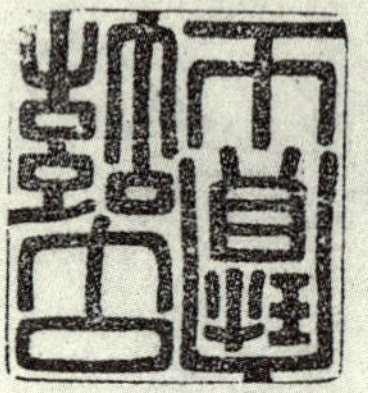

王摩詰文集卷第二

書　序　記　文　讚

紫芝木瓜讚 并序　畫阿弥陁變讚 并序

祭李貟外文　祭房郎中文

祭李舍人文　祭武大將軍文

祭牙門姜將軍文　祭王郎中文

與工部李侍郎書

一昨出後伏承令從官將軍騎至陋巷見命恨不得隨使者詣舍下謁才非張載枉傳玄以車相迎德謝侯生辱信陵虛左見待士人有此今也未聞所以竦踊惕息通夕不寐維自結髮即枉眷顧侍郎素風維知之矣宿昔貴公子常下交布衣盡禮髦士絶甘分少致醴以飯急急於當世之士常如不及故夙著問

望爲孟嘗平原之儔及乎晚歲時危益見臣節草莽
之中乗輿播越列郡或弃車走林畏賊顧望貢獻不
至莫有鬭心侍郎慨然枕戈泣血奮不顧命得衛聖
主楊奉之以兵奉迎蕭何之運粮致饋曹洪之以良
馬濟趙衰之以壺飧從收合亡騎繕完弃甲喻以大
義慰而勉之然後以匑率卒執戈前驅泆辰之間六
軍響振以成興復之業豈非侍郎忠節蓋世義貫白
日垂名竹帛爲一代宗臣誠可愛也或曰宗子與國
同休不得尔也夫仁弱自愛者且奔竄伏匿偷延晷
刻窮蹙既至即匹夫匹婦自經於溝瀆安能泆命争
首懔慨大節死生以之乎而能不邀寵於上不干功

于下不急邦政不受私謁時與風流儒雅之士置酒高會吟詠先王遺風脩然有東山之志善矣維雖老賤沈跡無狀豈不知有忠義之士乎亦常延頸企踵嚮風慕義無窮也然不敢自列於下執士者以爲賤貴有倫等威有序以閑人持不急之務朝夕倚門窺户抑亦侍郎之所惡也而猥不見遺思曹公命吴質將何以塞知己之望報厚顧之恩内省空虚流汗而已輒先馳狀候涼時即躬詣門下奏謝王維頓首

迪山中與裴秀才書

近臘月下景氣和暢故山殊可過足下方温經猥不敢相煩輒便獨往山中憩感配寺與山僧飯訖而去

比涉玄灞清月映郭夜登華子岡輞水淪漣與月上
下寒山遠火明滅林外深巷寒犬吠聲如豹社墟夜
春復與踈鍾相間此時獨坐僮僕靜默多思曩昔攜
手賦詩步仄逕臨清流也當待春中卉木蔓發春山
可望輕鯈出水白鷗矯翼露濕青皐麥隴朝雊斯之
不遠儻能從我遊乎非子天機清妙者豈能以此不
急之務相邀然是中有深趣矣無忽因馱黃蘗人往
不一山中人王維白

與魏居士書

足下太師之後世有明德宜其四代五公克復舊業
而伯仲諸昆頃或早世唯有壽光復遭播越幼生弱

姪藐然諸孤布衣徒歩降在皁隷足下不忍其親杖
策入關降志屈躬託於所知身不衣帛而於六親孝
慈終日一飯而以百口爲累攻苦食啖流汗霡霂爲
之馳驅僕見足下裂裳毁冕二十餘年山棲谷飲高
居深視造次不違於仁舉止必由於道高世之德欲
蓋而彰又屬聖主搜揚仄陋束帛加璧被於巖穴相
國急賢以副旁求朝聞夕拜片善一能垂章拖組況
足下崇德茂緒清節冠世風高於黔婁善卷行獨於
石門荷蓧朝廷所以超拜右史思其入踐赤墀執牘
珥筆羽儀當朝爲天子文明且又禄及其室養昆弟
免於負薪晚爨柴門閑於積雪藜牀穿而未起若有

稱職上有致君之盛下有厚俗之化亦何顧影踞步行歌采薇是懷寶迷邦愛身賤物也豈謂足下利鍾釜之祿榮數尺之綬雖方丈盈前而蔬食菜羹雖高門甲第而畢竟空寂人莫不相愛而觀身如聚沫人莫不自厚而視財若浮雲於足下實何有哉聖人知身不足有也故曰欲挈其身而亂大倫知名無所著也故曰欲使如來名聲普聞故離身而返出其身知名空而返不避其名也古之高者曰許由挂瓢於樹風吹瓢惡而去之聞堯讓臨水而洗其耳耳非駐聲之

地聲無染耳之跡惡外者垢內病物者自我此尚不能至於曠士豈入道者之門歟降及嵇康亦去頓纓

狂顧逾思長林而憶豐草頓纓狂顧豈與免受維縶有異乎長林豐草豈與官署門闌有異乎異見起而正性隱色事礙而慧用微豈等同虛空無所不遍光明遍照知見獨存之旨邪此又足下之所知也近有陶潛不肯把板屈膝見督郵解印綬弃官去後貧乞食詩云叩門拙言詞是屢乞而多慙也當一見督郵安食公田數頃一慙之不忍而終身慙乎此亦人我攻中忘大守小不其後之累也孔宣父云我則異於是無可無不可可者適意不可者不適意也君子以布仁施義活國濟人為適意縱其道不行亦無意為不適意也苟身心相離理事俱如則何仕而不適此

近於不易願足下思可不可之旨以種類俱生無行
作以爲大依無守嘿以爲絶塵以不動爲出世也僕
年俱六十足力不強上不能原本理躰裨補國朝下不
能殖貨聚穀賑施窮窶偷禄自活誠罪人也然才不
出衆德在人下存亡去就如九牛一毛耳實非欲引
尸祝以自助求分謗於高賢也略陳起予惟審圖之

暮春太師丞相諸公於韋氏逍遥谷讌集序

山有姑射人蓋方外海有蓬瀛地非宇下逍遥谷天
都近者王官有之不廢大倫存乎小隱跡崆峒而身
拖朱紱朝承明而暮宿青靄故可尚也先天之君俾
人在宥歡心格于上帝喜氣降爲陽春時則有太子

太師徐國公左丞相稷山公右丞相始興公少師宜
陽公少保崔公特進鄧公吏部尚書武都公禮部尚
書杜公賓客王公黼衣方領垂瑲珥筆詔有不名命
無下拜熈天工者坐而論道典邦教者官司其方相
察天地之和人神之泰聽於朝則雅頌矣問於野則
賡歌矣乃曰猗哉至理之代也吾徒可以酒合讌樂
考擊鍾鼓退於彤庭選辰擇地右班劍驂六騶晝輪
載轂羽鍾先路以詣夫逍遥焉神皐藉其緑草遠啓
於朱户渭之美竹魯之嘉樹雲出其傳水源於室灞
陵下連乎菉地新豐半入於家林館層巔檻側趣師
古節儉惟新丹堊巖谷先曙羲和不能信其時丹木

後春勾芒不能一其令花遥窈窕衛阜漣漪蹕御延佇於叢薄珮玉外降於蒼翠於是外僕告次獸人獻鮮樽以大疊烹用五鼎木器擁隀即天姿以爲飾沼毛蘋蘩在山羞而可薦伶人在位曼姬始毅齊瑟慷慨於座右趙舞徘徊於白雲袞𦲷松風珠翠煙露日在蒙汜群山夕嵐猶有濯纓清歌擬梧高詠與松喬爲伍是羲皇上人且三代之後而其君帝舜九服之內而其俗華胥上客則冠冕巢由主人則弟兄元愷合是四美同乎一時廢而不書罪在司禮竊賢楚傳常詣茅堂之居御謝右軍恕序蘭亭之事蓋不獲命豈曰賢能 云云

薦福寺光師房花藥詩序

心舍於有無眼界於色空皆幻也離亦幻也至人者不捨幻而過於色空有無之際故曰可塵也而心未始同心不世也而身未嘗物物方酌我於無眼之域亦已殆矣上人順強陽之動與勞侶而作在雙樹之道場以衆花爲佛事天上海外異卉奇藥齊諸未識伯益未知者地始載於茲人始聞於我瓊蕤滋蔓侵迴階而欲上寶庭盡蘇當露井而不合群豔耀日衆香同風開敷次第連九冬之月種類若干多四天所而至用楊枝已開貝葉高閣聞鍾外堂覲佛右繞七匝郤坐一面則流芳忽起雜英乱飛焚香不俟於旃

檀散花奚取於優鉢漆園傲吏著書以稱稗爲言蓮座大仙說法開藥草之品道無不在物何足忘故歌之詠之者吾愈見其嘿也

送朝監還日本國序

舜見群后有苗不格禹會諸侯防風後至動干戚之舞興斧鉞之誅然貢九牧之金始獲五瑞之玉我開元天地大寶聖文神武應道皇帝大道之行先天布化乾元廣運涵育無垠若番爲東道之標計勝爲西門之候豈甘心於邛杖非徽貢於苞茅亦由呼韓来朝舍於蒲陶之館卑弥遣使報以蛟龍之錦犧牲玉帛以將厚意服食器用不寶遠物百神受職五老告

期況乎載髮含齒不稽顙屈膝海東國曰本爲大服
聖人之訓有君子之風正朔本乎夏時衣裳同乎漢
制歷歲方達繼舊好於人淊天無涯貢方物於天子
同儀加等位在王侯之先掌次改觀不居蠻夷之邸
我無尔詐尔無我虞彼以好来廢開弛禁止數文教
虛至實歸故人民雜居往来如市朝司馬結髮遊聖
負笈辭親問禮於老聃學詩於子夏魯借車馬孔丘
遂適於宗周鄭獻縞衣季扎始通於上國名成太學
官至客卿必齊之妻不歸娶於高國在楚猶晉亦何
獨於由餘遊宦三年願以君羡遺毋不居一國欲其
晝錦還鄉莊舄既顯而思歸關羽報恩而終去於是

地首北闕裹足東蕃篚命賜之衣懷敬問之訏金簡王字傳道經於絡域之人方鼎彝樽致分器於異姓之國琅邪臺上迴望龍門碣石館前復然鳥逝鯨魚噴浪則方里倒迴鷁首乘雲則八風卻走扶桑若蓄鬱島如萍伏白日而斂三山浮蒼天而吞九域黄雀之風動地黒蜃之氣成雲森不知其所之何相思之可寄嘻去帝鄉之故舊謁本朝之君臣詠七子之詩贈言者

送高判官從軍赴西河序

佩兩國之印布我王度諭彼蕃臣三寸猶存樂毅辭燕而未老十年在外信陵歸魏而逾尊子其行乎餘

今上合大道以撫流外振長策以馭宇内故左言返
踵穿胷沸脣膺騰白波驟翰碧砮之貢腹匣赤坂傳
致紫琥之琛辮髮名王養馬於下廐椎結去帝獻珠
於小臣而犬戎不識嬰角自大偷安也服之外謂天
誅窄及自絕所國之後而王祭不供天子按劍謀臣
切齒思以赤山爲城青海爲塹盡平其地悉虜其人
而上將有哥舒大夫者名蓋四方身長八尺眼如紫
石稜鬚如蝟毛磔掮撝而百蠻不守叱咤而萬人俱
廢髮縣奮髯孝吼斯虎裂背大怒磨牙欲吞不待成
師固將身先士卒常思盡敵不以賊遺君父矢集日
窟劍斬天驕蹴崑崙使西倒縛呼韓令北面豈直趙

人祭其東門匈奴不敢南牧而已開府之月辟書始
下以爲踴躍用兵建將之事意氣踸馬俠少之能蓋
欲謀夫趁子哲士俾我殲黠虜以無類舉外國如拾
遺待東門而不食置廣武於上座始得我高子焉高
子讀書五車運籌百勝慷慨謀議折天口之是非指
畫山川知地形之要害嘗著七發曹王慕義每奏一
篇漢文稱善緣情之製褒獨步當時主人横挑而有餘
墨客御攻而不下公卿藉甚遍交歡於五侯孫吴暗
合將建功於萬里衛以露版召見甘泉衣短後之衣
帶檑具之劒象弧彫服鞭弭櫜鞬目無先零氣射西
旅蒼頭宿將持漢節以臨戎白面書生坐胡牀而破

賊然孤烽遠戍黃雲千里嚴城落日而鬧鐵騎外山而出胡笳咽於塞下畫角發於軍中亦可悲也遲子之獻凱雲臺奏事宣室紫綬曳地金印如斗列居東第位爲通侯舊友拜塵群公書幣祁大夫老矣武安侯問乎

送李補闕充河西支度營田判官序

漢張右掖以備左衽西遮空道北護居延然天戎夜獵於山外匈奴射鵰於塞下歲或有之我散騎常侍曰王公勇能盡敵禮可用兵讀黃石書殺白馬將入備顧問載以乘輿副車出命專征賜以內棧文馬將軍幕府請命介於本朝天子瑣闈轂諫官以從士補

關李公家世龍門詞場虎步五經在笥一言蔽詩廣
屯田之營度長府之羨以贍邊人以弱敵國然後馳
檄識匿略地崑崙使麾下騎刃樓蘭之腹發外國兵
繫郅支之頸五單于遁逃于漠北遺種羌不近于隴
上子之行也不謂是乎稽首漢庭驅傳而出窮塞沙
磧而西樂黃河混沌而東注胡風動地朔鴈成行拔
劍登車慷慨而別

送懷州杜參軍赴京選集序

國自有初以節守西門者得自召吏選客故我常侍
崔公以貳車迎杜改於杜陵而咨之矣舍之門下衣
儒者之服立於軍中說諸侯之劍猗元帥之理也行

有貴育鐵馬成群而雄戟罕耀角弓載橐秉王者師不邀奇功樓庭藉甚高冠長劍拜命雲臺在是行也群公自出軷門驂騑滿路置酒欲歡高歌自悽寂寥孤城惆悵胡笳飛雪蔽野長河始氷吾子勉之慷慨而別

送鄆州須昌馮少府赴任序

少年明經試出補吏學通七義政習前典本之於德輔之以才大官大邑可也不惟是歟予昔仕魯嘗蓋之鄆書社万室帶以魚山濟水旗亭千隧雜以鄭衛居周客有鄒人之風以厚俗有汶陽之田以富農齊紈在笥河魴登俎一都會也子其不寶貨不耽樂不弄法

不慢官無侮老成人無虐孤與幼上官奏課輶軒以聞則繡衣方領垂璫珥筆子所得也誰敢有之子病且倦歲晚弥獨窮巷衡門落日秋草趙服過我且東其轅促飯中厨子不可以蔬食送車出郭吾不可以徒行屨以及門拜於宇下猶且抱杖延頸送之以目城迴樹轉悲其馬嘶云

洛陽鄭少府與兩省遺補宴韋司户南亭序

惟帝克辟惟股肱克左右庶績允釐有司多暇舉無違德孰獻其可雖列侍丹墀而罕伏青蒲懷致館瀛陵南望四江左轉登一級而鄠杜如近盡三休而天地始大凝氣向晦蒼蒼寒木式與汝歌多酌我酒墨

客既序親當獸炭膳夫交馳屢奏鮮食夫含德之厚與時偕化拂衣爲放則野人於小隱之中束帶而朝則君子於大夫之後何軌轍一境是非外物哉且驥有羈紲徒有吹舍可以永日可以繼夜客非詩人之徒歟奚其嘿也

送鄭五赴任新都序

邠人前京兆右扶風居上谷間與寢園接七月之什蕩無遺風五陵之豪雜居其地故有黠吏惡少犯命干紀政寬則以姦病人操急則以事中吏鄭子爲邑也絃歌之化洋溢四封雷霆之威燀赫百里下車按捕盡致法焉纔朞不惟風俗之治苟以文墨抵罪除

名爲人削跡于野杜陵解印時賣故侯之瓜彭澤無
官誹有公田之黍牽衣肘見步雪履穿獲奂由忠是
貧非病屬聖朝龍斿鑾輅登封告成之事畢蒼玉黄
琮郊天祀地之禮備天下無事海内乂安盡登仁壽
之域猶下哀憐之詔萬方有罪與之更新百寮失職
使復其位降邑宰爲輿尉從館墨而解褐龍星始見
馬首欲西搢紳先生居多結友諸曹列署且有同時工
部侍郎蕭公詞翰之宗德義之府弱年筮仕一命聯
官於奉常幾日左遷六人同罪於外郡纂亂金盛業克
傳丞指文儒萬石高風弥重故人賓客賦詩寵別贈
言誠行騎登棧道館于扳屋劍門中斷蜀國滿於二

川銅梁下臨巴江入於萬井鸜黃欲語夏木成陰悲
哉此時相送千里

送從弟惟祥宰海陵序

天子若曰咨尔三事百辟寇賊姦宄震驚朕師其舉
吏二千石至墨綬予將大命於朝以撫方夏群從曰
惟祥舊有令聞克衣成焉往踐乃職無恫于人獄貨
非寶農食滋殖浮于淮泗浩然天波油潮噩於乾坤
江城入於泱漭彼有美錦尔嘗操刀學古入官倚法
爲吏上官奏課國將大選尔勞勉哉行乎唱予和汝

送衡嶽瑗公南歸詩序

衡嶽瑗上人者學道於五峯蔭松棲雲與狼虎雜處

得無所得矣天寶癸巳歲始遊于長安手提瓶笠至自萬里宴居吐論緇屬高之初給事中房公謫居宜春與上人風吐相擭因爲道友伏明往来房公旣海内感名上人亦以此增價秋九月杖錫南返和門来别秦地草木檝然巳黄蒼梧白雲不日而見湞陽有曹溪學者爲我謝之

冬笋記

會心者行會行者祥故行藏於密而祥發於外欲人不知不可得也夫孝於人爲和德其應爲陽氣笋陽物也而以陰出斯其効歟重氷開逕密雪滔天而綠籜包生不日盈尺公之家執德庇人仗義藩國忘身

於王室不家於朱户公世載盛德人文冠冕人天姿
大賢庭訓括用之曰諸季式亦克用訓我尓身也共
被爲踈禮庇身焉御侮無所花蕚韡韡爛其盈門兄
弟怡怡穆然映女且孝有上和下睦之難尊賢容衆
之難厚人薄巳之難自家刑國之難加行之以忠信
乂之以禮樂斯其大者遠者况承順顔色乎况温凊
枕蓆乎如是故天高聽卑神鑒孔明不然曷爲出
哉視諸故府則昔之人亦以孝致斯瑞也

讃佛文

竊以眞如妙寂具十方而無成涅槃至功滿四生而
不癈故無邊天照不照導得空有之深萬法偕行無行

爲滿足之地惟兹化佛即具三身不捨凡夫本無五
藴實藉津梁法相脫落塵容始於度門漸於空舍然
後金剛道後爲三界大師玉毫光相得一生補處左
散騎常侍攝御史中丞崔公第十五娘子於多劫来
植衆德本於般若力生菩提家含哺則外軍擅勝衣
而斥珠翠教從半字便會聖言戲則剪花而爲佛事
常侍公頃以入朝天闕上簡帝心雖功在於生人深
辭拜命賴賞延於愛女密啓出家白法宿修紫書方
降即令某月日敬對三世諸佛十方賢聖稽首合掌
奉詔落髮久清三業素成菩提之心新下雙鬟如見
如来之頂綺襦方解樹神獻無價之衣香飯當消天

王持衆寶之鉢惟娘子舍諸珍寶塗彼成香在微塵
中見億佛刹如獻珠須具六神通伏願以度人設齋
功德上奉皇帝聖壽無量記椿樹以爲年土宇無垠
包蓮花而爲界又用莊嚴常侍公出爲法將入拜台
臣身在百官中尊心超十地之上夫人以文殊智本
是法王在普賢心長爲佛母郎君娘子等住識性爲
孝順用德爲道場將遍衆生之慈迴同一子之想又
願普同法界盡及有情共此勝因俱登聖果

西方變畫讚 并序

法身無對非東西也淨土無所離空有也若依佛慧
既洗垢於六塵未捨法求歡如幻於三有故大雄以

不思議力開方便門我子猶疑未認寶藏商人既倦
且息化城究竟達於無生因地從於有相西方淨土
變者左常侍攝御史中丞崔公夫人李氏奉爲亡考
故某官中祥之所作也夫人門爲士族之先道爲梵
行之首大師繼踵望塵而理印命婦盈朝聞風而素
履心王自在萬有皆如頂法眞空一乘不立以示見
故菩薩爲勝鬘夫人同解脫因夫人女讚維摩長者
陟岵何至哀哀絰絰順有漏法泣血以居念罔極思
滅性非報唯茲十方所護豈與百身之贖不寶瓔絡
資於繪素圖極樂國象無上樂法王安詳聖衆圍繞
湛然不動疑過於往來寂尔無聞若離於言說林分

寶襵七重遶於香城衣捧天花六時散於金地迦陵
欲語曼陁未落衆善普會諸相具美於是竭誠稽首
隕涕焚香願玄功德以備梯航得彼佛身常以慈悲
爲女存乎法性還在菩提之家偈曰
稽首十方大導師能於一法見多法以種種相導群
生其心本來無所動稽首無邊法性海功德無量不
思議於巳不色等無㝵不住有無亦不捨我今深達
真實空知此色相體清淨願以西方爲導首往生極
樂性自在

繡如意輪像讚并序

寂等於空非心量㝵如則不動離意識界實無所住

常遍群生不捨有為懸超萬行法性如是豈可說邪
如意輪者觀世音菩薩陁羅尼三昧門現方便於幻
眼六臂色身以究竟為佛心體真相隨念即誰乃無
繡之慈應度而来斯不共之力衆生如意菩薩何心
崇敬寺尼無疑道登等貴族出家梵遊上首久積淨
業三世皆空長在道場一乘自立亡兄故河南少尹
雖明世典深達實相以不二法處於百官花蕚相連
恩深女弟殉禮舊繞塋絶仁兄雖曰如夢無寧爽我
煩惱性淨示有同凡之悲菩提路空強為助道之相
選妓惟絜底功加敬針鋒線縷日就月將五彩相宣
千光欲發金蓮捧足寶珠垂髻原夫審像於淨心成

形於纖手珊瑚掌内疑現不動如来頻婆口中同乎無法可說焚香讃嘆散花瞻仰有情苦業滅而不生無土法輪轉而恒寂願以此福冥用莊嚴乃爲偈曰

菩薩神力不思議　能以一身遍一切

常轉法輪無所轉　衆生隨念得解脱

色即是空非空有　是故以色像觀音

願以浄斯六趣福　迴向過去不可得

爲相國王公紫芝木瓜讃并序

孝悌之至通於神明天爲之降和地爲之嘉植發書占之推理可得何者人心本於元氣元氣根於造物心善者氣應氣應者物美故呈祥於魚鳥或發揮於

草木示神明之隂騭與天地之嘉會今中書侍郎相
公先生左丞府君沉潛上德遐尚絶軌江海滯沉嬰
孩杏壇高門長軌隱几含素蓋鳳皇之高迹薄龍虎
之逶迤積有淳德誕敷餘慶而我相公生而英姿河
目海口量與太素而無端倪應會神速動若發括事
遣理盡澹然虛空亦猶太清雲無處所重玄之旨達
而有餘奥大白之明漫而不及理文可以經邦訓俗
武可以保大定功故天子咨之以布元化昔者高堂
德闈扇枕無所歐血長號禮不能制其哭泣之度終
身目痛時無以加其霜露之惕攻苦食啖寢苫枕塊
淚少於血骨餘於形風泪起而裂其心鳥悲鳴而感

哭俄而紫芝生棟葉成仙人之蓋色奪齊侯之衣又有木瓜在林味苦楚王之萍大如安期之棗枯木無生物之理而布護滋蔓時果有常形之分而碩大殊亢鄰里駭之郡縣聞之公泣而不敢言州司遽表以獻或曰因心而致人之祥也或曰率土所生國之瑞也有識君子曰至孝所感物爲人之祥大賢佐時人爲國之瑞二物者雖感曩時之純至亦符今日之崇高也公允不敢當歸美加今上以爲震位先非孝德動天至乾元二年乃書圖以進詔報曰紫芝者延壽之徵也木瓜者投報之應也蓋至誠所感有開必先朕與卿道契雲龍義同水石位崇台衮寄重股肱故

得嘉瑞荐臻靈物昭格君臣同德區宇克寧覽其進
圖可為嘉應請宣付史館若既光史策亦藏書府讚曰
紫芝三秀則生於梁木瓜一實其大盈筐嘉應荐至
其故何祥哀哀孝思漣漣泣血終身致毀每慟將絕
雲為徘徊風為慘切依仁據德移孝為忠經自盡理
任心便公其道橐籥虛而不窮公位先非聖人斯覯
賜以詔書藏之秘府邦家之光哀榮終古

給事中竇紹為亡弟故駙馬都尉於孝義寺

浮圖書西方阿弥陁變讚 并序

易曰遊䰟為變傳曰䰟氣則無不之固知神明更生
矣輔之以道則變為妙身之於樂十大覺曰聖離妄

曰性克脩其業以正其命得無法者即六塵爲淨域
繫有祖者憑十念以往生西方變者給事中竇紹敬
爲二弟故駙馬都尉某官之所書也天理之愛加人
數等悲讓俟而無所痛殞身而莫贖傾無長之工不
平分於我生將厚貸於泉路尚兹繪事滌彼染業寶
樹成列金砂自映迦陵欲曼陁未落墜此中年登乎
上品池蓮寶座將踰棠棣之縈水鳥法音當悟鶺鴒
之力得曰生因妄念没有遺識憑化而遷轉身不息
將免六趣唯兹十力哀此仁兄友于後生不知世界
尋意二縱營傍熏獲悟自性當成

爲楊郎中祭李員外文

維載月日朔行尚書司勳郎中賜緋魚袋楊玄璋等
謹以清酌少牢之奠敬祭于故左司員外郎李公之
靈嗚呼大朴難名大辯若訥治兮無兆汎然隨物直
而好學敏以從事行隱於寡言文成於沈酣澡身浴
德唯仁與義讀書甚解作賦彌工麗詞秀發奧義玄
通記言西掖起草南宮第五將婬伏波事嫂食先與
甘衣必讓好口嘗其糲身席於藁結友一言同官一
日徇我朋好忘其身恤豈惟攜手亦將加膝明明天
子惟賢異思恨馮唐之已老喜相如之同時罷利書
於虎觀將載筆於鳳池嗚呼病時六啓卧內一訣痛
乾坤而忽窮嗟古今而長絕永言北首返葬東周何

夫子之適去同衆人之若休歷千門而行哭動九陌而增愁馬悲鳴而笳咽雲寡色而風秋玄璋䓁或結髮舊遊比肩同列悲薤歌之首路哀柳車之就轜嗟無見而空来痛不知而成別嗚呼哀哉尚饗

祭兵部房郎中文 爲人作

維載月日朔某官某乙謹以酒脯之奠敬祭于故兵部郎中房公之靈嗚呼君子之才周而不器苟求行道未嘗私身沈静好謀話言必雅往歲穀貴關輔阻飢眷命自天發廩以賑中朝乏使屬之鄙夫不敢自賢請子爲介匹夫嫠婦黃口之孤鍾釜之施罔不必當舉無弃粒野有頌聲國家猒兵革苦徵戍大召浮

食以靖國乀單車諭旨萬里窮磧西度赤坂館於烏孫形勞者病神勞則天弃成功於末路未復命而言謝死不廢命忠也尸而加紼寵也我盥而撫子瞑受含求何得仁而誰不死玉關之下素車戚遲愁雲晝聚白雪春下絳旐從風車徒行哭至上京而不駐將返葬於關東河活活而東注天慘慘而悲風道路猶長子寶途窮人世如舊子寶成空我有旨酒以歆以餞想像明德歔欷出涕尚饗

爲人祭李舍人文

年月日某以茶藥之奠祭于故舍人李公之靈嗚呼見人多矣未有如子生於德門長於貴里名高江夏

之童貌奪河陽之美行比曾顏才兼文史含慈輕肥仰
優紈綺惡如涕唾弃如塵滓比布衣以同年甘蔬食而
没茲嗚呼深入度門高居道源獨一靜處寂嘿無言待
草誡之真性歸化光之法尊曠無淨淨頓離塵根豈
期昨日分首別離未久万法皆空一生何有無餘涅
槃應無所受無漏智慧斯爲不朽子以凡情哀哀其
後世相謂然道心斯醜敢不從俗子其無言尚饗

爲王侍郎祭沙陁鄯國夫人

維年月日朔河西節度使左散騎常侍王公遣𦆠管
石抱玉以酒卒之奠致祭于故沙陁鄯國夫人之靈
嗚呼惟此叔德降于異域至性不師天姿靡飾禮容

訶假於環珮工藝非因於組織行閨訓於穹廬成毋
儀於蕃國懿此清範夫人之則沙陁令門外家之力
嗚呼大人歸命于戈遂寢子孫扞城國家髙栁居之
右地華其左祚散辮垂鬟解裘衣錦嗚呼降年不永
遠日方臨寂矣高堂歛珠含玉哀哉貴女刃面摧心
嗚呼聖朝命我護此諸蕃夫人所出天子加恩能守
漢制不効夷言焉無比首車必南轅教義所及忠信
弥敦寳嘉内訓用絜斯樽尚饗

爲羽林將軍祭武大將軍文

維年月日將軍某等謹以清酌少牢之奠祭于故大
將軍武公之靈嗚呼武公命代出群氣蓋朔方勇冠

六軍生長下國聲聞上天天子壯之命居北門北門伊何國之重寄羽林孤兒窄頭突騎罔不畢勸爲之元帥帝在紫微與君爲衛身恒被堅手不捨鋭出乗天駟入虚東第同官爲僚出入五官顧我軍制凛然遺風一日之長万夫之雄身雖有極德不可窮嗚呼門館蒼黄風景悽凉櫪馬悲鳴角弓不張弔客接武哭聲滿堂嗚呼凡人有喪匍匐斯救況我武侯僅及其靈盥而撫之唅王當受敢不嗣事如公之舊尚饗

爲崔常侍祭牙門姜將軍文

維大唐開元二十五年歳次丁丑十一月辛未朔四日甲戌左散騎常侍河西節度副大使攝御史中丞

崔公致祭于故姜公之靈嗚呼天子命之建旗五門
帶甲十萬鐵騎雲屯横挑強胡飲馬河源嗟尒勇健
表爲牙門牙門伊何全齊大旆四方有事棐死鳴鼓前
有血刃後有飛鏃其氣益振大呼馳逐翩翩白馬象
弧雕服戈舂其喉矢誌其目嗚呼天不無事今上好
文尒有餘勇莫敢邀勳腰鞬白首蹉跎塞雲死於裨
將誰統前軍家本秦人靈車東騖長天積雪邊城欲
暮麾下行哭前旌抗路身有寶劒不佩而去轅有代
馬悲鳴跼顧嗚呼我識車吏令送尒歸既素我服亦
朱其衣黯虜未滅壯士長辭牢醴以祭太息歔欷尚饗

爲兵部祭庫部王郎中文

惟公弘量碩德寡言敏行直而能婉和而不競以儒
墨爲鋒鍔在顏冉之季孟白雲刑官繡衣使者時無
寃人路多避馬既踐文昌来同武庫㒒翟車之髙足
爲鳯池之先路豈其位薄德崇才遠途窮拜命之時
初一朝於北闕移疾于外不再入於南宫嗚呼哀挽
悲笳寒天踈壟宅不卜地祔於故塋冢無餘財歛以
時服弟難會葬兒未及哭其幾護而奠遣唯甥姪與
姻族某甞同官實喜良友仰德弥髙立言不朽居常
接膝未忍分手况永訣兮無期向空筵而灑酒尚饗

爲人祭某官文

惟公碩德弘量抱義戴仁早離我見常守吾真朝稱

端士丗謂淳人夏官之職惟賢是寄旣節五官兼選騎士宿衛扶城必由茲地速應爲敏平分是責浅遣先馳曹無留事嗚呼積善無慶寢疾弥留虜肆求馬夜壑藏舟深悟約墳獨與道遊死而不忘魂兮若休嗚呼某等何幸得備官屬泰然若春温兮如玉去德何永事生何促五情如喪百身不贖敬薦醴牢哀哀慟哭尚饗

王摩詰文集卷第二

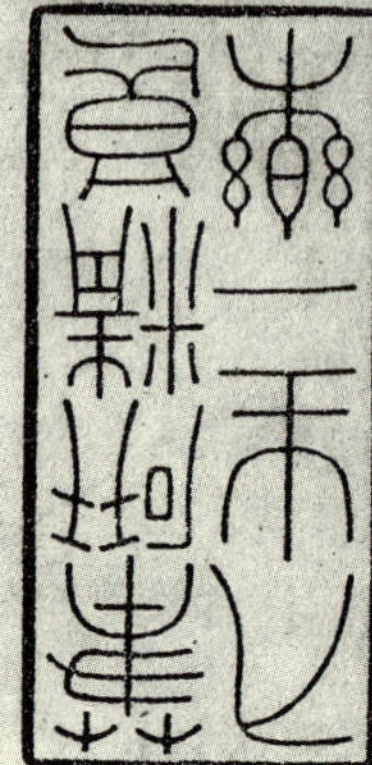

王摩詰文集　三卷　四卷　北宋本　第三冊

王摩詰文集卷第三

表狀

賀古樂器表　賀玄元皇帝見真容表

賀神兵表　爲崔常侍謝賜物表

謝除太子表　謝集賢學士表

爲畫人謝賜表　爲人謝寫真表

謝御書額表　爲人進注人王經表

爲薛使君謝表　爲謝御題塔額表

門下起赦書表　責躬薦弟表

請施莊爲寺表　請上佛殿梁表

帝皇龜鏡圖兩卷進狀

請迴粟施貧人粥狀

兵部起請露布文　謝弟新授常侍狀

賀古樂器表

臣某言伏見今月七日中書門下勑牒道士申太芝奏稱伏奉恩旨令臣往名山修功德去六月二十日於南海葛洪居處至誠祈請中夜恍惚見一老人云是茅山羅浮神人常於七曜洞来往昔曾九疑山於桂陽石室中藏天樂一部歲月久遠變為五野猪彼郡百姓捉獲汝可往取獻皇帝每祈祭但依方安置奏之即五音自和天仙百神應聲降福所求必遂壽命延長臣奉神言即往桂陽尋問百姓云天寶二載

村人常見有五野猪逐之便走入石室就裏尋覓化爲古物五枚衆共驚異自取以扣之音律相和與神人言不異今將奉進者臣聞陰陽不測之謂神變化無方之謂聖唯神與聖感而遂通伏惟

開元天寶聖文神武應道皇帝陛下居皇建之極中得混成之大道奉先天之聖祖玄化協於無爲育率土之群生至仁侔於陰騭然猶精意不倦聖祀逾崇遍禮群仙恩祐九服故得尨眉皓髮遥同入昴之人眞訣玄言來告馭風之客棲身七曜以俟唐堯蔵樂九疑不傳虞舜留兹石室恩獻玉磬遣野豕以呈形表洞仙之屬意且神物恩變古亦有之龍躍平津實

焉寶劒島鳧飛葉縣空餘素履器非上品人纔下仙猶
能精誠聿修神變淩若況殊庭致覒天老効祥顧授
至尊以享上帝亦既考擊動諧律呂韶護勲其九奏
雲咸失其八音翠鳳入於洞簫殊非雅韻朱露傳於
鼗鼓敢比仙聲天地同和神祇降福無窮之壽永撫
寶圖無疆之休以康庶績實由至德斯感大道玄通
神人親告於休徵靈仙不祕其空樂稽之古昔實未
見聞臣等限以留司不獲隨例抃舞不任踴躍喜慶
之至

賀玄元皇帝見真容表

臣某言伏見中書門下奏上黨郡奏啓聖宫聖祖大

道玄元皇帝玉石真容主上聖容今月十五日三元
齋開光明其日戌後道士陳希王等十三人同朝禮
見殿内有光非常照曜及開殿門其光弥盛滿堂如
晝夂之方散其時撿挍官及押官等皆共瞻覩者臣
聞仙祖行化真氣臨關聖人降生祥光滿室固知仙
聖必有景光伏惟
開元天地大寶聖文神武應道皇帝陛下大道爲心
上元同體扶風雲之質敬想猶龍寫日月之儀欽承
大象仍迴舊邸以奉清都真容聖容旣明四目照殿
照室忽類三光蘂宮自明初謂上天無夜桂殿如晝
還疑就日而朝琪樹韜華瑶池奪映寔由陛下弘敷

本際大啓玄宗明君濶色於真源聖祖和光於帝載
表文明之社御六合以清知臨照之無疆億載多慶
臣等限以留司不獲隨例抃舞無任踴躍喜慶之至

賀神兵助取石堡城表

臣某等言伏奉中書門下牒伏見絳郡太平縣百姓
王英杞狀稱去載七月於萬春鄉界頻見聖祖空中
有言曰我以神兵助取石堡城當時具經郡縣陳說
並有文狀申奏訖今載正月又於舊甚再見云我昔
於梓州威洞造一龕龍尊像在獨坐山東北公成山左
側年代已遠其處傾陷像在土中可報吾孫令人往
取斯乃蒼生之福國祚無疆者近奉進止差一直省

往彼求覓昨見梓潼郡奏稱去年某月二十六日郡縣官吏并道士父老百姓等一千餘人與直省李萬德依此尋求其日諸山盡皆晴朗唯公成山上雲霧暗合遍尋不知所在遂結壇齋戒祈請經宿至二十七日辰時有五色雲見於霧合之處遂即分人子細尋覓乃見山半腹有少土傾處其上竹樹非常蒙密并見一石角出土一寸便穿掘深三尺已來乃是一石龕龕中有尊像一左右真人六并師子崑崙各二遂以水洗沃儀相儼然事實吐符並如真誥其石龕重大非人力所能運轉今於龕上造屋宇便差精誠道士三人專修香火供養謹畫圖奉進者臣聞立德

外聞與至降監必錫靈貺彰厥有成不祕祥符昭其克享伏惟

開元天地大寶聖文神武應道皇帝陛下以道理國以竒用兵先天而法自然終日不離輜重故得仙君居九霄之上屢降中州聖祖在千古之前還臨後葉視之不見者令見聽之不聞者令聞仍勑神兵以助王旅天丁力士潛結鸛鵝星釰雲旗暗充貔虎遂殲逆命之虜梟㸃難拔之城加以言必有徵德無不報指尊像之所在爲寶祚之休徵周流六虛言於晉而驗於蜀混成一氣出於有而入於無未達齋心初迷三里之霧旣符真氣俄成五色之雲山腹洞開仙容

儼若萬物今覩千刼未逢昔河啓籙圖山輸玄女尚
謂得天之助蔵爲受命之符況真誥人聞聖容神造
照臨下士不住大羅之天保祐群生爰居小有之洞
實感明主縮地而来豈比漢時乗空而去元后欽崇
之福遠至迩安聖祖昭報之心天長地乆㠯等限以
留司不獲隨例抃舞不勝踴躍喜慶之至

爲崔常侍謝賜物表

㠯其言揔管闗敬之至奉九月十五日勅吐蕃賛普
公正信物金胡𦈢等士事伏蒙恩旨特以賜㠯捧戴
𢡟惶以抃以躍㠯幸居無事待罪西門恭守嘉謨欽
承成憲王師不戰無用兵之勞堯俗可封何理人之

有實無異効特降殊恩竊用勤以忘家忠不顧命分
毫草野以報萬一無任感戴戰越之至

謝除太子中允表

臣某稽首言伏奉某月日制除臣太子中允詔出宸衷
恩過望表捧戴惶懼不知所裁臣聞食君之禄死君
之難當逆胡干紀上皇出宫臣進不得從行退不能
自殺情雖可察罪不容誅伏惟
元天文武至聖皇帝陛下孝德動天聖功冠古復宗
社於墜地救塗炭於横流少康不及君親光武出於
支庶今上皇返正陛下御乾歷數前王曾無比德萬
靈抃躍六合歡康仍開祝網之恩必免臣釁鼓之戮

投書削罪端袵立朝䟽汙殘體死滅餘氣伏謁明主
豈不自媿灰心仰厠勳臣亦復何施其面跼天內省
無地自容且政化之源刑當爲急陷身以虜尚沐官
榮陳力興王將何寵異況臣夙有誠願伏願陛下中
興遊賊殄滅臣即出家修道極其精勤庶裨萬一頃
者身方待罪國未書刑若慕龍象之儔是避魑魅之
地所以鉗口不敢助心今聖澤含弘天波昭洗朝容
罪人食禄必招屈法之嫌臣得奉佛報恩自覓不死
之痛謹詣鉗臺門冒死陳請以聞無任惶恐戰越之
至

謝集賢學士表

朝議大夫試太子中允臣維稽首言伏奉今月十八
日勑令臣充集賢殿學士擢及無能恩加非望抃躍
慙懼不知所裁且謂之集賢非賢莫集固當宣其五
德列在四科邀聽衆推方紆聖鑒臣抽毫作賦非古
詩之流挾策讀書無專經之業伏惟陛下文思超明
哲之后書契踰畫卦之君龜圖不能比其詞龍甲不
足究其義問相如在蜀畏不同時徵枚乘於齊惜其
已差急賢之旨欲賜追鋒如臣不才豈宜濫吹將何
以編次漆簡刋定石經東堂則詩將招不成之罰比
面待詔必無善對之才以榮爲憂席寵知懼無任感
恩踴躍戰越之至謹詣延英門陳謝以聞

爲畫人謝賜表

臣某言臣猥以賤伎得備衆工誤點屛風乏成蠅之巧偶持團扇無事特之能徒以職官不敢貳事顧惟時論有慙三絶伏惟皇帝陛下撥亂反正受命中興俯協龜圖傍觀鳥跡卦因於畫畫始生書知微知章惟聖體聖臣奉詔旨令寫功臣運偶鳳翔之初無非鷹揚之士鶚鴞攫臂裂眥奮鬚衝鶡冠力舉龍鼎骨風猛毅睟子分明皆就筆端別生身外傳神寫照雖非巧心審象求形或皆暗識妖蚩無枉敢顧黃金取捨惟精時憑白粉且如日磾下泣知其孝思于禁懷慙媿此忠節乃無聲之箴歲頌亦何賤於丹青宣父

之似皐繇元子之類越石不待或人之說無煩故妓
之言此又一奇誠爲可尚臣得紙筆麟閣繼踵虎頭
類蒙獎教之恩益用精誠自勵勤以補拙雖未仙飛
感而遂通實因聖訓況賜衣服累問官資中使相望
屢加宣慰微臣戰灼無荅恩私之至

爲曹將軍謝寫真表

臣某言天幸微臣身逢大聖得爲列卒以備戎行於
臣一生已爲萬足況建旗爲將裂組受官蒙推食之
恩辱賜衣之寵匹夫之勇雖不顧身長策無聞未能
盡敵仰慙介冑俯媿櫜鞬加以弓不重於六鈞箭不
穿於七札詐申雀目誠慙猨臂似劉琨而恨小非關

羽之絶倫何以厠跡虎臣儀形麟閣伏惟皇帝陛下昭捡天地懸超七十二家微臣託附風雲不如二十八將而蒙垂聖旨特命圖工盡植戟之黄鬚圖石稜之紫色才如過蹟顭侯巳得其神不待臨淄鄉子自知其醜豈可藏之袐府以示後人將謂飛龍之時無俟如貔之士寵過其効力不稱恩願死藝於伏弢誓殺身於鳴轂無任感激欣戴之至

謝御書集賢院額表

臣某言伏奉今月某日聖禮題集賢殿御書院額捧戴抃舞不知所裁竊以先聖微言前王令典所以典行禮義訓正人倫頃遇胡兇頑不識經籍恣行毀裂

有甚焚燒伏惟陛下御極統天功成理定愍其墜簡
旁搜古壁壽發求書之使置寫書之官於是九流百家
輩編緗帙爛然虎觀盛彼鴻都加以親重儒門將爲
教首俯題金牓自運銀鈎龍鳳翔於煙雲日月照於
天地曾無以論誰敢強名況乎方丈之書七分入木
仲將虛爲白首羲之狂在墨池將使率土之人知陛
下寵茲書府晉天之下斅陛下敦彼儒風政化之源
實始於此臣今忝編次滕簡刊校石經載光載輝誠
歡誠喜

爲幹和尚進注仁王經表

沙門惠蔚言法離言說了言說即解脫者終日可言

法無名相知名相即真如者何嘗壞相實際以無際
可示無生以不生相傳非夫自得性空密印心地見
聞自在宗說皆通者何以證玉毫之光辨金口之義
伏惟乾元光天皇帝陛下高登十地降撫九天弘濟
群生濡蓮花之足示行世法屈金粟之身心淨超禪
頂法懸解廣釋門之六度包儒行之五常差僧空空
復何語語以無見之見不言之言淺智勝疑水之虫
微戒俞溺涅之象以自覺離念注先聖微言如麻何
足盡思食木偶然成字豈堪上塵慧眼仰稱聖心有
命自天藏拙無地伏以集解仁王般若經十卷謹隨
表奉進無任慙惶然本注經先發大願釋第一義開

不二門與四十九僧離一百八句六時禪誦三載懇祈俾廓妖氛得贍慧日三千世界悉奉仁王五千善神常衛樂土令果盪定無量安寧緇服蒼生不勝慶躍

爲薛使君謝婺州刺史表

臣某言伏奉今月日制除臣某官拜命若驚稽首無地臣聞洪波退流必盪其涵穢慶雲所潤不遺於荆棘伏惟陛下孝悌之至通於神明馨香之德格於天地故指旗而黑祲旋靜揮戈而白日再中豈臣虫臂鼠肝所能談天述聖臣之本末強欲自陳擢髮數罪臣戴餘也剖心自明天知足矣臣素書生少爲文吏折

衝禦侮幾何不亡奉法守文一日之長當賊逼溫洛
兵接河潼拜臣陜州催臣上道驅馬才至長圍已合未
暇施力旋復陷城戟枝剝頭刀環築口身關木索縛
就虎狼臣實驚狂自恨駑怯脫身雖則無計自刃有
何不可而折節苟須偷生厠溷縱齒盤水之劍未消
臣惡空題墓門之石豈解臣悲令於抱釁之中寄以
分憂之重且天兵討賊曾無汗馬之勞天命與王得
返屠羊之肆免其釁鼓之戮仍聞祝網之恩臣縱粉
骨糜軀不報萬分之一況褰帷露冕是去歲之縲囚
洗垢滌瑕爲聖朝之岳牧臣欲殺身滅愧刎首謝恩
生無益於一毛死何異於腐鼠謹當閉閤以思政酌

泉以勵心親畢力於平人無煩八部誓不負於明主

非畏四知用釋愆誅敢求課最

爲舜闍梨謝御題大通大照和上塔額表

沙門僧某等言伏蒙聖禮題二大師塔額及度僧抽

僧等並畢伏喜天心俯從人欲恩光至重抃舞難勝

臣聞聖者正也住正法者爲聖人佛者覺也得覺蒲

者入佛慧伏惟光天皇帝陛下登滿足地超究竟天

入三解脱門過九次弟定見聞自在不住無爲理事

皆如終非有漏復皇圖而馭宇尊白法以敎人百穀

順成六氣時若不加兵而賊破不擾物以人和緇侶

勝緣蒼生厚幸昨蒙書額度僧等龍騰金牓鳳轉綠

鈎河漢照回煙雲飛動韋誕恥其遺法梁鵠慙爲古
人降出天門外於寶塔玉繩綴於重級珠斗挂於露
盤以方宸翰實多慙德又宿修梵行願在法流者覆
以慙媿之衣落其煩惱之鬚鼻成寶器仁王爲琢玉
之因廣運佛心聖主受恒沙之祐沙門等叨承禪訓
幸偶昌期御札賜書足報本師之德梵筵邀福願酬
大聖之恩不勝戴荷之至

門下起赦書表

伏奉制書如右好生之德洽于人心奉天之時以行
春令體元作則惟聖則成伏惟乾元大聖皇帝陛下
道凝庶績功深廣運極孝敬於至誠致雍和於允穆

狹其祝網陋彼畫衣寧失不經況乎輕繫大赦戮餘之罪益寬流宥之典人謂無冤何如捨而不問殺而有禮豈若至於無刑加以親減庶羞無祭肺之膳下除冗食贍糊口之人買犢設藏彼無歸之骨歲取畝收本乎盍徹之稅巨猾止於一惡貧人免於十夫思折券者寬其暴征嘗書勳者貰其宿負導德齊禮成其有恥之心悔咎思愆開其自新之路道之一變將使比屋可封守在四夷庶夫外戶不閉風俗忠厚禮讓興行六府孔修萬代永賴臣等忝居門下不任鳧藻抃躍之至

責躬薦弟表

臣維稽首言臣年老力衰心昬眼暗自料涯分其能幾何久竊天官每慙尸素須又沒於逆賊不能殺身負國偷生以至今日陛下矜其愚弱託病彼囚不賜疵瑕累遷省閤昭失罪累免負惡名在於微臣百生萬足昔在賊地泣血自思一日得見聖朝即願出家修道及奉明主伏戀仁恩貪冒官榮荏苒歲月不知止足尚忝簪裾始願屢違私心自咎臣聞用不才之士才臣不來賞無功之人功臣不勸有國大體為政本源非敢議論他人竊以兄弟自比臣弟蜀州刺史縉本原五年撫養百姓盡心為國竭力守城臣即陷在賊中苟且延命臣忠不如弟一也縉前後歷任所

在著聲目忝職其多曾無裨益目政不如弟二也目
項負累繫在三司緍上表祈哀請代目罪目之茨緍
一無憂怜目義不如弟三也緍之判策屢登甲科衆
推才名素在目上小言淺學不足謂文目才不如弟
四也緍言不作物無不上人植性謙和執心平直目
無度量實自空踈目德不如弟五也目之五短羞之
五長加以有功又能爲政顧目謬官華省而弟遠守
方州外媿妨賢內慙比義痛心疾首以日爲年目又
逼近懸車朝暮入地闃然孤獨逈無子孫弟之與目
更相爲命兩人又俱白首一别恐隔黄泉儻得同居
相視而没泯滅之際魂魄有依伏乞盡削目官放歸

田里賜弟散職令在朝廷臣當苦行齋心弟自邀誠盡節並頸肝腦塗地隕越爲期葵藿之心庶知向日犬馬之意何足動天不勝私情懇迫之至

請施莊爲寺表

臣維稽首臣聞罔極之恩豈有能報終天不返何堪永思然要欲強有所爲自寬其痛釋教有崇聞功德弘濟幽冥臣亡母故博陵縣君崔氏師事大照禪師三十餘歲褐衣蔬食持戒安禪樂住山林志求寂靜臣遂於藍田縣營山居一所草堂精舍竹林果園並是亡親宴坐之餘經行之所臣往丁凶𡱝當即發心願爲伽藍永劫追福比雖未敢陳請終日常積懇誠

又屬元聖中興群生受福旨至庸朽得備周行無以
謝生將何荅施願獻如天之壽長爲率土之君唯佛
之力可憑施寺之心轉切効微塵於大地固先國而
後家敢以烏鼠私情冒觸天聽伏乞施此莊爲一小
寺兼望抽諸寺名行僧七人精勤禪誦齋戒住持上
報聖恩下酬慈愛無任懇款之至

爲僧等請上佛殿棵表

僧某言天地之大未蕭法身紺殿朱宮豈云光宅陛
下尊崇像教大捨外財白法利人黃金布地不役一
人之力不費一家之産崇崇寶坊雲構將畢所營其
寺以某月日上佛殿棵伏望天恩内賜一傘庶使大

千世界悉入盖中六合人天共歸宇下然後以無导
慧大化群物將使四生皆度豈唯比屋可封則中天
之臺才留幻士晝雲之觀徒候神人以古況今前王
何陋謹詣右銀臺門奉表陳請以聞

奉勑詳帝皇龜鏡圖狀

帝皇龜鏡圖兩卷令簡擇訖進狀

右其官宣口勑語看可否者臣愚何足以知謹與某
等議竊以名爲帝皇圖者盖龜可以卜也鏡可以照
也以前代帝王行事善惡以卜後代以前代帝王行
事善惡以照後代可以知盛衰興亡故其行事似堯
舜者必盛似湯武者必興似秦皇漢武者必衰似夏

桀殷紂若火滅如卜之必知如照之必見故謂之龜鏡圖伏如所示之圖謂之自古帝皇圖即可矣謂之龜鏡圖伏恐稍乖名實又多不出於正經或取諸子之說又取曹植飛龍篇摯虞庖犧讚等是一時文章之語非正經本傳之事至如堯之茅茨不翦土階三尺就之如日望之如雲舜之逐竄四凶舉十六族且歌九德君撫五弦等善事夏桀之瑤臺瓊室殷紂之肉林酒池等惡事盖盡如此之類乃成龜鏡之圖至於伏犧生時伏犧之墓女媧腸化摶土爲人如此之流豈爲龜鏡若記帝皇之事揔載無妨若爲龜鏡之圖恐須簡擇又論元氣已後其圖以重太初與太始無

殊有形與有質不異易云乾元通利貞即未有物者
乾之始也乾者元之體也元者乾之用也上猶道家
盲道生一一生二二生三三生萬物又近佛經八識
是清淨無所有第八識即合蔵一切種子第六識即
分別成五蔭十八界此圖從元氣已下名目稍多臣
識用愚淺不知忌諱敢率鄙見無任戰越伏惟聖心
裁擇謹狀

請迴前任一司職田粟施貧人粥狀

右臣比見道路之上凍餒之人朝尚呻吟暮塡溝壑
陛下聖慈怜愍者公粥施之頃年已來多有全濟至
仁之德感動上天故得年穀頗登逆賊皆滅報施之

應福祐昭然臣前任中書舍人給事中兩任職田並
合交納近奉恩勑不許併請望將一司職田迴與施
粥之所於國家不减數粒在窮窘或得再生庶以上
福聖躬永弘寶祚仍望令劉旻分付所由訖具數奏
聞如聖恩允許請降墨勑

兵部起請露布文

天地之心無不覆載鳥鼠之性自私巢穴國家非徒
疆理其地臣妾其人思欲一車書混聲聲變毒螫之
俗爲禮義之鄉伏惟皇帝陛下大道先天至德冠古
武功則我有七德文教則舞于兩階億兆賡堯封之
時郡縣加禹服之外而犬戎小醜蝎角偷安動搖遠

邊遮漢使之路脇從小國絕蕃臣之禮四鎮節度使高仙芝等虔奉聖策肅將天誅因識之且憎尋勑律之舊好曁諸胡國悉會皇師万里風馳六軍電掃氈裘之長思嚮風以無階毳幕之人唯塗地而可獲遂通重譯罔不来庭實賴聖謀曷惟帝力無攻不克百蠻皆墮於計中無遠不賓萬方若在於宇下臣等不勝喜慶之至

謝弟縉新授左散騎常侍狀

右臣之兄弟皆迫桑榆每至一別恐難再見匪躬之節誠不顧家臨老之年寔悲遠道陛下均平布政中外遷遷尚録前勞仍收舊齒使備顧問載珥貂蟬趍

侍玉墀從容璵闔不材之衣跗蕚聯芳斷行之鴈飛鳴接翼奉天之命特出宸衷塗地之心難酬聖造不勝戴荷踴躍之至

王摩詰文集卷第三

王摩詰文集卷第四

應制　應教　唱和　詶荅

奉和聖製慶玄元皇帝玉像之作應制

明君夢帝先寶命上齊天秦后徒聞樂周王耻卜年玉京移大像金籙會群仙承露調天供臨空敞御筵斗迴迎壽酒山近起爐煙願奉無爲化齊心學自然

奉和聖製從蓬萊向興慶閣道中留春雨中春望之作應制

渭水自縈秦塞曲黃山舊遶漢宮斜鑾輿迥出仙門柳閣道迴看上苑花雲裏帝城雙鳳闕雨中春樹万人家爲乘陽氣行時令不是宸遊重物華

奉和　聖製與太子諸王三月三日龍池春
禊應制
故事修春禊新宫展豫遊明君移鳳輦太子出龍樓
賦掩陳王作盃如洛水流金人來捧劒畫鷁去迴舟
苑樹浮宫闕天池照冕旒宸章在雲漢垂象滿皇州
奉和　聖製上巳於望春亭觀禊飲應制
長樂青門外宜春小苑東樓開万户上輦過百花中
畫鷁移仙妓余昭列上公清歌邀落日妙舞向春風
渭水明秦甸黄山入漢宫君王來祓禊灞滻亦朝宗
奉和　聖製幸玉霄公主山莊因題石壁十
韻之作應制

碧落風煙外瑶臺道路賖如何連帝苑別自有仙家
此地迴鑾駕緣溪轉翠華洞中開日月窻裏發雲霞
庭養冲天鶴溪留上漢查種田生白玉泥竈化丹砂
谷静泉逾響山深日易斜御羹和石髓香飯進胡麻
大道今無外長生詎有涯還瞻九霄上來往五雲車

奉和　聖製登降聖觀與宰臣等同望應制

鳳扆朝碧落龍圖耀金鏡維岳降二臣戴天臨万姓
山川八校蒲井邑三農竟比屋皆可封誰家不相慶
林疎遠村出野曠寒山静帝城雲裏深渭水天邊映
喜氣含風景頌聲溢歌詠端拱能任賢弥彰聖君聖

奉和　聖製御春明樓臨右相園亭賦樂賢

詩應制

複道通長樂青門上坦路遥聞鳳吹喧闇識龍輿度

褰旒明四目伏檻紆三顧小苑接侯家飛甍映宫樹

商山原上碧滻水林端素銀漢下天章瓊筵承湛露

將非富人寵信以平戎故從來簡帝心詎得迴天步

奉和聖製暮春送朝集使歸郡應制

方國仰宗周衣冠拜冕旒玉乘迎大客金節送諸侯

祖席傾三省褰帷向九州楊花飛上路槐色蔭通溝

來預鈞天樂歸分漢主憂宸章類河漢垂象滿中州

奉和聖製送不蒙都護兼鴻臚卿歸安西

應制

上俻增命服都護揚歸旆雜虜盡朝周諸胡皆自鄮
鳴笳瀚海曲安節陽關外落日下河源寒山靜秋塞
万方氛祲息六合乾坤大無物是天心天心同覆載

三月三日曲江侍宴應制

万乘親齋祭千官喜豫遊奉迎從上苑祓禊向中流
草樹連容衛山河對冕旒畫旗搖浦溆春服蒲汀洲
仙樂龍媒下神皐鳳蹕留從今億万歲天寶紹春秋

奉和　聖製十五夜燃燈繼以酺宴應制

上路笙歌蒲春城漏刻長遊人多晝日明月讓燈光
魚鑰通翔鳳龍輿出建章九衢陳廣樂百福透名香
伸妓來金殿都人逴玉堂定應偷妙舞從此學新粧

奉引迎三事司儀列万方願將天地壽同以獻君王

奉和　聖製重陽節宰臣及群官上壽應制

四海方無事三秋大有年百生逸此日万壽願齊天

芍藥如金鼎茱萸揷玳筵玉堂開右个天樂動宮懸

御柳踈秋景城鵶拂曙煙無窮劉花節長奉和梁篇

奉和　聖製賜史供奉曲江宴應制

侍從有鄒枚瓊筵就水開言陪柏梁宴新下建章來

對酒山河蒲移舟草樹迴天文同麗日駐景惜行盃

三月三日勤政樓侍宴應制

綵仗連霄合瓊樓拂曙通年光三月裏宮殿百花中

不數秦王日誰將洛水同酒筵嫌落絮舞袖怯春風

天保無爲德人歡不戰功仍臨九衢宴更達四門聰
大同殿生玉芝龍池上有慶雲百官共覩聖
恩便賜宴樂敢書即事
欲笑周文歌宴鎬遥輕漢武樂横汾豈如玉殿生三
秀詎有銅池出五雲陌上堯樽傾北斗樓前舜樂動
南薰共歡天意同人意万歲千秋奉聖君
勑賜百官櫻桃　時爲文部郎中
芙蓉闕下會千官紫禁朱櫻出上蘭纔是寢園春薦
後非關御苑鳥銜殘歸鞍競帶青絲籠中使頻傾赤
玉盤飽食不須愁內熱太官還有蔗漿寒
和前　右補闕崔興宗

未央朝謁正逶迤天上櫻桃錫此時朱實初傳九華
殿繁花舊雜万年枝全勝晏子江南橘莫比潘家大
谷梨閶道令人好顔色神農本草自應知

奉和　聖製天長節賜宰臣歌應制

太陽外兮照万方開閶闔兮臨玉堂儼冕旒兮垂衣
裳金天淨兮麗三光彤庭曙兮延八荒德合天兮禮
神遍靈芝生兮慶雲見唐堯后兮稷禼臣匝宇宙兮
華胥人盡九服兮皆四鄰乾降瑞兮坤獻珍

奉和　聖製聖扎賜宰臣連珠詞五首應制

時爲庫部員外

臣聞大明馭寓天地同符閶氣佐時君臣協德故千

年聖主㪷帝撫其寶圖七德諸侯周公為之元老

臣聞有其才者効其職重其任者竭其能故樂播大

風乃能調四氣身騎列宿於是運三光

臣聞先天不違德合於上事君盡力功濟於下故君

臣同體於大道庶人以康億兆宅心於至仁万邦乃

固

臣聞形之端者影必隨焉聲之善者響必應焉故偃

武修文皇天降之善氣薄賦省役后土報以豐年

蓋聞宣至理者文懸之於日月表聖言者字動之以

煙雲故虞舜作歌徒施於典策伏羲書卦未類於昭

回

勑借岐王九成宫避暑應教

帝子遠辭丹鳳闕天書遥借翠微宫隔窻雲霧生衣
上卷幔山泉入鏡中林下水聲喧語笑巖間樹色隱
房櫳仙家未必能勝此何事吹笙向碧空

從岐王過楊氏别業應教

楊子談經所淮王載酒過興闌啼鳥换坐久落花多
逕轉迴銀燭林開散玉珂嚴城時未啓前路擁笙歌

從岐王夜讌衛家山池應教

座客香貂滿宫娃綺幔張澗花輕粉色山月少燈光
積翠紗窻暗飛泉繡戸凉還將歌舞出歸路莫愁長

和尹諫議史館山池

雲館接天居霓裳侍玉除春池百子外芳樹万年餘
洞有仙人籙山藏太史書君恩深漢帝且莫上空虛

和陳監四郎秋雨中思從弟據

嫋嫋秋風動凄凄煙雨繁聲連鳷鵲觀色暗鳳皇原
細栁疎高閣輕槐落洞門九衢行欲斷万井寂無喧
忽有愁霖唱更陳多露言平原思令弟康樂謝賢昆
逸輿方三接衰顏强七奔相如今老病歸守茂陵園

和僕射晉公扈從温湯　時爲右補闕

天子幸新豐旌旗渭水東寒山天仗裏温谷幔城中
奠玉群仙座焚香太一宫出遊逢牧馬罷獵有非熊
上宰無爲化明持太古同靈芝三秀紫陳粟万箱紅

王禮尊儒教天兵小戰功謀猷歸哲匠詞賦屬文宗
司諫方無闕陳詩且未工長吟吉甫頌朝夕仰清風
和宋中丞夏日遊福賢觀天長寺　即陳左
相宅所施之作
已相殷王國空餘尚父溪釣磯開月殿築道出雲梯
積水浮香象深山鳴白雞虛空陳妓樂衣服製虹霓
墨點三千界丹飛六一泥排源勿遽返再訪恐君迷
和賈舍人早朝大明宮之作
絳幘雞人送曉籌尚衣方進翠雲裘九天閶闔開宮
殿万國衣冠拜冕旒日色絶臨仙掌動香煙欲傍袞
龍浮朝罷須裁五色詔珮聲歸向鳳池頭

瓜園詩并序

維瓜園高齋俯視南山形勝二三時輩同賦是詩兼命詞英數公同用園字爲韻韻任多少時太子司議郎薛璩發此題遂同諸公云

余適欲鋤瓜倚鋤聽叩門鳴騶導驄馬常從夾朱軒

窮巷正傳呼故人儻相存攜手追涼風放心望乾坤

藹藹帝王州宮觀一何繁林端出綺道殿頂搖華幡

素懷在青山若值白雲屯迴風城西雨返景原上村

前酌盈樽酒往往聞清言黃鸝囀深木朱槿照中園

猶羨松下客石上聞清猨

同崔傅荅賢弟

洛陽才子姑蘇客桂苑殊非故鄉陌九江楓樹幾回
青一片楊州五湖白楊州時有下江兵蘭陵鎮前吹
笛聲夜火人歸當春郭秋風鶴唳石頭城周郎陸弟
爲儔侶對舞前溪歌白紵曲机書留小史家草堂碁
賭山陰墅衣冠若話外臺臣先數夫君席上珍更聞
臺閣求三語遥想風流第一人

同崔負外秋宵寓直

建禮高秋夜承明候曉過九門寒漏徹万井曙鍾多
月迥藏珠斗雲消出絳河更慙衰朽質南陌共鳴珂

同比部楊負外十五夜遊有懷静者季雜言

承明少休沐建禮省文書夜漏行人息歸鞍落日餘

置知三五夕万户千門闢夜出曙𦒍歸傾城蕩南陌
陌頭䟫騁盡繁華王孫公子五侯家由來月明如白
日共道春燈勝百花聊看侍中千餘騎強識小婦七
香車香車寶馬共喧闐箇裏多情俠少年競向長楊
柳市北肯過精舍竹林前獨有仙郎心寂寞却將宴
坐為行樂儻覺忘懷共往來幸霑同舍甘藜藿

沈十四拾遺新竹生讀經處同諸公之作

閑居日清靜脩竹自檀欒嫩節留餘籜新叢出舊欄
細枝風響亂疎影月光寒樂府裁龍笛漁家伐釣竿
何如道門裏青翠拂仙壇

同盧拾遺韋給事東山別業二十韻給事首

春休沐維巳陪遊及乎是行亦預聞命會無

車馬不果斯諾

託身侍雲陛昧早趍華軒遂陪鵷鴻侶霄漢同飛翻

君子垂惠顧期我於田園側聞景龍際親降南面尊

万乘駐山外順風祈一言高陽多夔龍荆山積璵璠

盛德啓前烈大賢鍾後昆侍郎文昌宫給事東掖垣

謁帝俱來下冠蓋盈丘樊閨風首邦族庭訓延鄉村

采地包山河樹井竟川原巖端廻綺檻谷口開朱門

階下群峯首雲中瀑水源鳴玉滿春山列筵先朝暾

會舞何颯踏擊鍾弥朝昏是時陽和節清晝猶未暄

藹藹樹色深嚶嚶鳥聲繁顧已負宿諾延頸慙芳蓀

蹇步守窮巷高駕難攀援素是獨往客脫冠情弥敦

和使君五郎西樓望遠思歸

高樓望所思目極情未畢枕上見千里窻中窺万室

悠悠長路人曖曖遠郊日惆悵極浦外迢遞孤煙出

能賦屬上才思歸同下秩故鄉不可見雲水空如一

和太常韋主簿五郎温湯寓目

漢主離宮接露臺秦川一半夕陽開青山盡是朱旗

繞碧澗翻從玉殿來新豐樹裏行人度小苑城邊獵

騎迴聞道甘泉能獻賦懸知獨有子雲才

奉和楊駙馬六郎秋夜即事

高樓月似霜秋夜鬱金堂對坐彈盧女同看舞鳳皇

少兒多送酒小玉更焚香結束平陽騎明朝入建章

訓諸公見過　四言時官未出在輞川莊

嗟余未喪哀此孤生屏居藍田薄地躬耕歲晏輸稅
以奉粢盛晨往東皇草露未晞暮看煙火負擔來歸
我聞有客足掃荊扉簞食伊何副瓜抓棗仰厠群賢
皤然一老愧無莞簟班荊席藁汎汎登陂折枝作花
淨觀素鮪俯映白沙山鳥群飛日隱輕霞登車上馬
倏忽雨散雀噪荒村雞鳴空館還復幽獨重歎累歎

訓虞部蘇員外過藍田別業不見留之作

貧居依谷口喬木帶荒村石路枉迴駕山家誰候門
漁舟膠凍浦獵火燒寒原唯有白雲外踈鍾聞夜猿

訓比部楊負外暮宿琴臺朝躋書閣率尔見

贈之作

舊簡拂塵看鳴琴候月彈桃源迷漢姓松樹有秦官

空谷歸人少青山背日寒羡君棲隱處遥望白雲端

苑舍人能書梵字兼達梵音皆曲盡其妙戲

爲之贈

名儒待詔蒲公車才子爲郎典石渠蓮花法藏心懸

悟貝葉經文手自書梵詞共許勝楊馬梵字何人辨

魯魚故舊相望在三事願君莫厭承明廬

苑咸荅并序

王負外兄以予嘗學天竺書有戲題見贈然王兄當

代詩匠又精禪理狂採知音形於雅作輙走筆以訓

焉且夕未遷因而嘲及一

蓮花梵字本從天華省仙郎早悟禪三點成伊猶有

想一觀如幻自忘筌爲文巳變當時體入用還推間

氣賢應同羅漢無名欲故作馮唐老歲年

重訓苑郎中并序　時爲庫部員外

頃輙奉贈忽枉見訓叙末云且夕不遷因而嘲及詩

落句云應同羅漢無名欲故作馮唐老歲年亦觧嘲

之類也

何幸含香奉　至尊多慙未報主人恩草木盡能酬

雨露榮枯安敢問乹坤仙郎有意憐同舍丞相無私

斷掃門楊子解嘲徒自遣馮唐已老復何論

詶郭給事　七言

洞門高閣靄餘輝桃李陰陰柳絮飛禁裏疏鐘官舍晩省中啼鳥吏人稀晨搖玉珮趍金殿名奉天書拜瑣闈強欲從君無那老將因卧病解朝衣

詶嚴少尹徐舍人見過不遇

公門暇日少窮巷故人稀偶值乘藍轝非關避白衣不知炊黍否誰解掃荊扉君但傾茶埦無妨騎馬歸

慕容承携素饌見過

紗帽烏皮几閑居嬾賦詩門看五柳識年筭六身知靈壽君王賜彫胡弟子炊空勞酒食饌持底解人歸

詶慕容十一

行行西陌返，騎𢥞文車。公挾轂雙官，騎應門五尺僮。若思如塞北，強起離牆東。爲報壷丘子，來人道姓蒙。

詶張少府

晚年惟好靜，万事不關心。自顧無長策，空知返舊林。松風吹解帶，山月照彈琴。君問窮通理，漁歌入浦深。

喜祖三至留宿

門前洛陽客，下馬拂征衣。不枉故人駕，平生多掩扉。行人返深巷，積雪帶餘暉。早歲同袍者，高車何處歸。

祖詠苔

四年不相見，相見復何爲。握手言未畢，却令傷別離。

外堂還駐馬酌醴便呼兒語默自相對安用傍人知

詶黎居士浙川作　曇壁上人院走筆成

儂家真个去公定隨儂否着處是蓮花無心變楊柳
松龕藏藥裹石唇安茶臼氣味當共知那能不攜手

詶賀四贈葛巾之作

野巾傳惠好茲貺重兼金嘉此幽栖物能齊隱吏心
早朝方暫挂晚末復來簪坐覺囂塵遠思君共入林

故人張諲工詩善易卜兼能丹青草隸頃以
詩見贈聊獲詶之

不逐城東遊俠兒隱囊紗帽坐彈碁蜀中夫子時開
封洛下書生解詠詩藥欄花逕衡門裏時復據梧聊

隱几屏風誤點惑孫郎團扇草書輕内史故園高枕度三春永日垂帷絶四鄰自想蔡邕今已老更將書籍與何人

荅張五弟　雜言

終南有茅屋前對終南山終年無客長閉關終日無心長自閑不妨飲酒復垂釣君但能來相往還

輞口遇雨憶終南山因獻絶句　裴迪

積雨晦空曲平沙滅浮彩輞水去悠悠南山復何在

荅裴迪

淼淼寒流廣蒼蒼秋雨晦君問終南山心知白雲外

王摩詰文集卷第四

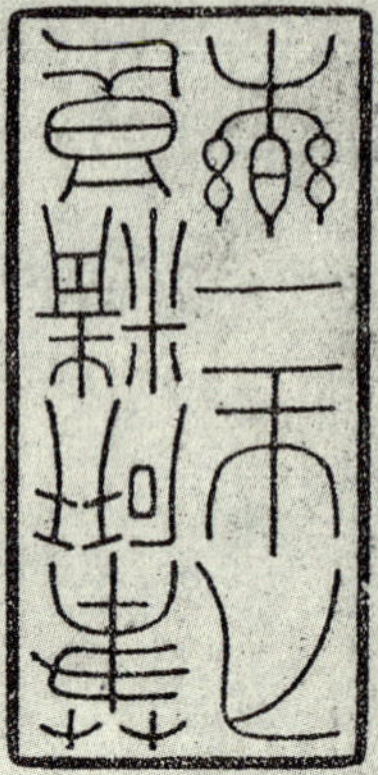

王摩詰文集　五卷　六卷　北宋本　第四冊

王摩詰文集卷第五

雜詩

奉寄韋太守陟

荒城自蕭索万里山河空天高秋日迥嘹唳聞歸鴻
寒塘映衰草高館落踈桐臨此歲方晏顧景詠悲翁
故人不可見寂寞平陵東

林園即事寄舍弟紞

寓目一蕭散消憂冀俄頃青草肅澄陂白雲移翠嶺
後沔通河渭前山包鄢郢松含風裏聲花對池中影
地多齊后疵人帶荆州癭徒思赤筆書詎有丹砂井
心悲常欲絶髮亂不能整青簟日何長閑門晝方静

顦思茅簷下弥傷好風景

寄河上叚十六

與君相見即相親聞道君家在孟津爲見行舟試借
問客中時有洛陽人

寄荆州張丞相

所思竟何在悵望深荆門舉世無相識終身思舊恩
方將與農圃藝植老丘園目盡南無鳥何由寄一言

山中寄諸弟妹

山中多法侶禪誦自為羣城郭遥相望唯應見白雲

聞裴秀才迪吟詩因戲贈

猿吟一何苦愁朝復悲夕莫作巫峽聲腸斷秋江客

既蒙宥罪旋復拜官伏感聖恩竊書鄙意兼
奉簡新除使君等諸公
忽蒙漢詔還冠冕始覺殷王解網羅日比皇明猶自
暗天齊聖壽未去多花迎喜氣皆知笑鳥識歡心亦
解歌聞道百城新佩印還來雙闕共鳴珂
贈從弟司庫員外絿
少年識事淺強學干名利徒聞躍馬年苦無出人智
即事豈徒言累官非不試既寡遂性歡恐招負時累
清冬見遠山積雪凝蒼翠皓然出東林發我遺世意
惠連素清賞夙語塵外事欲緩攜手期流年一何駛
座上走筆贈薛璩慕容損

希世無高節絶跡有卑棲君徒視人文吾固和天倪
緬然万物始及與群牧齊分地依后稷用天信重黎
春風向豫人令我思東溪草色有佳意花枝稍含荑
更待風景好與君藉萋萋

贈李頎

聞君餌丹砂甚有好顔色不知從今去幾時生羽翼
王母翳華芝望尔崑崙側文螭從赤豹万里走方息
悲哉世上人甘此羶腥食

贈劉藍田

雞中犬迎吠出屋候柴扉歳晏輸井税山村人夜歸
晚田始家食餘布成我衣詎肯無公事煩君問是非

贈房盧氏琯

達人無不可忘巳愛蒼生豈復少十室絃歌在兩楹
浮人日已歸但坐事農耕桑榆鬱相望屋里夕雞鳴
秋山一何淨蒼翠臨寒城視事兼偃臥對書不簪纓
蕭條人吏踈鳥雀下空庭鄙夫心所尚晚節異平生
將從海岳居守靜解天刑或可累安邑茅茨君試營

贈祖三詠　濟州官舍作

蠨蛸挂虛牖蟋蟀鳴前除歲晏涼風至君子復何如
高館闃無人離居不可道閑門寂已閉落日照秋草
誰有近音信千里阻河關中復客汝潁去年歸舊山
結交二十載不得一日展貧病子既深契闊余不淺

仲秋雖未歸暮秋以爲期良會詎幾日終日長相思

輞川閑居贈裴秀才迪

寒山轉蒼翠秋水日潺湲倚杖柴門外臨風聽暮蟬
渡頭餘落日墟里上孤煙復值接輿醉狂歌五柳前

春夜竹亭贈錢少府歸藍田

夜靜群動息時聞隔林犬却憶山中時人家澗西遠
羨君明發去采蕨輕軒冕

詶前　錢起

山月隨客來主人興不淺今宵竹林下誰覺花源遠
惆悵曙鶯啼孤雲還絕巘

贈東岳焦鍊師

先生千歲餘五岳遍曾居遥識齊侯鼎新過王母廬
不能師孔墨何事問長沮玉管時來鳳銅盤即釣魚
竦身空裏語明目夜中書自有還丹術時論太素初
頻蒙露版詔時降軟輪車山静泉逾響松高枝轉踈
支頤問樵客世上復何如
贈韋穆十八
與君青眼客共有白雲心不向東山去日暮春草深
戲贈張五弟諲三首時在常樂東園走筆成
吾弟東山時心尚一何遠日高猶自卧鍾動始能飯
領上髮未梳牀頭書不卷清川興悠悠空林對偃蹇
青苔石上净細草松下軟窻外鳥聲閑階前虎心善

徒然万象多澹尔天虚緬一知與物平自顧為人淺

對君忽自得浮念不煩遣

張弟五車書讀書仍隱居深翰過草聖賦詩輕子虚

閒門一室下隱几十年餘宛是野人野時從漁父漁

秋風日蕭索五柳高且疎望此去人世渡水向吾廬

歲晏同攜手只應君與予

設置守毚兔垂釣伺游鱗此是安口腹非關慕隱淪

吾生好清靜蔬食去情塵今子方豪蕩思為鼎食人

我家南山下動息自遺身入鳥不相亂見獸皆相親

雲霞成伴侶虚白侍衣巾何事須夫子邀予谷口真

贈裴旻將軍

腰間寶劍七星文臂上琱弓百戰勳見說雲中擒黠虜始知天上有將軍

贈焦道士

海上遊三島淮南預八公坐知千里外跳向一壺中縮地朝珠闕行天使玉童飲人耶割酒送客作分風天老能行氣吾師不養空謝君徒雀躍無可問鴻濛

贈吴官

長安客舍熱如煮無箇茗糜難御暑空摇白團其諦苦欲向縹囊還歸旅江鄉鯖鮓不寄來秦人湯餅那堪許不如農家任挑達草屩蟛螁富春渚

冬晚對雪憶胡居士家

寒更傳曉碧清鏡覽褁顏隴牖風驚竹開門雪蒲山
灑空深巷靜積素廣庭閑借問袁安舍脩然尚閉關

至滑州隔河望黎陽憶丁三寓

隔河見桑柘藹藹黎陽川望望行漸遠孤峯沒雲煙
故人不可見河水復悠然賴有政聲遠時聞行路傳

秋夜獨坐懷內弟崔興宗

夜靜群動息蟪蛄聲悠悠庭槐北風響日夕方高秋
思子整羽翰及時當雲浮吾生將白首歲晏思滄州
高足在旦暮肯爲南畝儔

雲中憶李裑　雜言

積雪滿阡陌故人不可期長安千門復万戶何處躞

踈黄金羈

胡居士所病遺米因贈

了觀四大因根性何所有妄計苟不生是身孰休咎
色聲何謂客蔭界復誰守徒言蓮花目豈惡楊枝肘
既飽香積飯不醉聲聞酒有無斷常見生滅幻夢受
即病即實相趍空定狂走無有一法真無有一法垢
居士素通達隨宜善斗擻狀上無氈卧鑪中有粥否
齋時不乞食定應空漱口聊持數斗米且救浮生取

贈裴十迪

風景日夕佳與君賦新詩澹然望遠空如意方支頤
春風動百草蘭蕙生我籬曖曖日暖閨田家來致詞

欣欣春還臯，淡淡水生陂。桃李雖未開，荑蕚藹芳枝。
請君理還策，敢告將農時。

酌酒與裴迪

酌酒與君君自寬，人情翻覆似波瀾。白首相知猶按劍，朱門先達笑彈冠。草色全經細雨濕，花枝欲動春風寒。世事浮雲何足問，不如高卧且加飡。

與胡居士皆病寄此詩兼示學人二首

一興微塵念，橫有朝露身。如是覩陰界，何方置我人。礙有固爲主，趣空寧捨賓。洗心詎懸解，悟道正迷津。因愛果生病，從貪始覺貧。色聲非彼妄，浮幻即吾真。四達竟何遣，万殊安可塵。胡生但高枕，寂寞與誰鄰。

戰勝不謀食理齊甘負薪予若未始異詎論疎與親
浮空徒漫漫汎有定悠悠無乘及乘者所謂智人舟
詎捨貧病域不疲生死流無煩君喻馬任以我爲牛
植福詞迦葉求仁笑孔丘何津不鼓棹何路不摧輈
念此聞思者胡爲多阻脩空虛花聚散煩惱樹稀稠
滅想成無記生心坐有求降吴復歸蜀不到莫相尤

九月九日憶山東兄弟　時年十七

獨在異鄉爲異客每逢嘉節倍思親遥知兄弟登高
處遍插茱萸少一人

華岳

西岳出浮雲積翠在太清連天凝黛色百里遥青冥

白日爲之寒森沉華陰城昔聞乾坤開變化生巨靈
右足踏方山左手推削成天地忽開折大河注東溟
遂爲西峙岳雄雄鎮秦京大君包覆載至德被群生
上帝佇昭告金天思奉迎人祇望幸久何獨禪云亭

藍田山石門精舍

落日山水好漾舟信歸風玩奇不覺遠因以緣源窮
遥愛雲木秀初疑路不同安知清流轉偶與前山通
捨舟理輕策果然愜所適老僧四五人逍遥蔭松折
朝梵几休未曙夜禪山更寂道心及牧童世士文催火
暝宿長林下焚香臥瑶席澗芳襲人衣山月映石壁
再尋畏迷誤明發更登歷笑謝桃源人花紅復來覿

一大澗風吹人衣

山居秋暝

空山新雨後天氣晚來秋明月松間照清泉石上流
竹喧歸浣女蓮動下漁舟隨意春芳歇王孫自可留

青溪

言入黃花川每逐青溪水隨山將万轉趣途無百里
聲喧亂石中色静深松裏漾漾泛菱荇澄澄暎葭葦
我心素已閑清川澹如此請留盤石上垂釣將已矣

崔濮陽兄季重前山興

秋色有佳興况君池上閑悠然西林衣自識門前山
千里横黛色數峯出雲間嵯峨對秦國合沓藏荆關

殘雨斜日照夕嵐飛鳥還故人今尚爾歎息此頹顔

終南别業

中歲頗好道晚家南山陲興來每獨往勝事空自知行到水窮處坐看雲起時偶然值林叟談笑無還期

皇甫岳雲溪雜題五首

鳥鳴澗

人閑桂花落夜静春山空月出驚山鳥時鳴春澗中

蓮花塢

日日採蓮去洲長多暮歸弄篙莫濺水畏濕紅蓮衣

鸕鷀堰

乍向紅蓮没復出青蒲颺獨立何褵褷銜魚古查上

上平田

朝耕上平田暮耕上平田借問問津者寧知沮溺賢

萍池

春池深且廣會待輕舟迴靡靡緑萍合垂楊掃復開

王摩詰文集卷第五

袁褧觀

王摩詰文集卷第六

雜詩

輞川集并序

余別業在輞川山谷其遊止有孟城坳華子岡文杏館斤竹嶺鹿柴去聲木蘭花茱萸沜上聲官槐陌臨湖亭南垞欹湖栁浪欒家瀨金屑泉白石灘北垞竹里館辛夷塢漆園椒園等與裴廸閑暇各賦絶句云尔

孟城坳

新家孟城口古木餘衰栁來者復爲誰空悲昔人有

同前　裴迪

結廬古城下時登古城上古城非疇昔今人自來往

華子岡

飛鳥去不窮連山復秋色上下華子岡惆悵情何極

同前

落日松風起還家草露晞雲光侵履跡山翠拂人衣

文杏館

文杏裁爲梁香茅結爲宇不知棟裏雲去作人間雨

同前

迢迢文杏館躋攀日已屢南嶺與北湖前看復迴顧

斤竹嶺

檀欒映空曲青翠漾漣漪暗入商山路樵人不可知

同前

明流紆且直綠篠密復深一逕通山路行歌望舊岑

鹿柴

空山不見人但聞人語響返景入深林復照青苔上

同前

日夕見寒山便為獨往客不知深林事但有麏麚迹

木蘭花

秋山斂餘照飛鳥逐前侶彩翠時分明夕嵐無處所

同前

蒼蒼落日時鳥聲亂溪水緣溪路轉深幽興何時已

茱萸沜

結實紅且綠復如花更開山中儻留客置此芙蓉盃

同前

飄香亂椒桂布葉間檀欒雲日雖迴照森沉猶自寒

宫槐陌

仄逕蔭宫槐幽陰多緑苔應門但迎掃畏有山僧來

同前

門前宫槐陌是向欹湖道秋來山雨多落葉無人掃

臨湖亭

輕舸迎上客悠悠湖上來當軒對樽酒四面芙蓉開

同前

當軒弥滉瀁孤月正徘徊谷口猿聲發風傳入户來

南垞

輕舟南垞去北垞淼難即隔浦望人家遥遥不相識

同前

孤舟信一泊南垞湖水岸落日下崦嵫清波殊淼漫

欹湖

吹簫凌極浦日暮送夫君湖上一迴首青山卷白雲

同前

空闊湖水廣青熒天色同艤舟一長嘯四面來清風

柳浪

分行接綺樹倒影入清漪不學御溝上春風傷別離

同前

映池同一色逐吹散如絲結陰既得地何謝陶家時

欒家瀨

颯颯秋雨中淺淺石溜瀉跳波自相濺白鷺驚復下

同前

瀨聲喧極浦沿涉向南津汎汎鳧鷗渡時時欲近人

金屑泉

日飲金屑泉少當千餘歲翠鳳翊文螭羽節朝玉帝

同前

縈渟澹不流金碧如可拾迎晨含素華獨往事朝汲

白石灘

清淺白石灘綠蒲向堪把家住水東西浣紗明月下

同前

跂石復臨水弄波情未極日下川上寒浮雲澹無色

北垞

北垞湖水北雜樹映朱欄逶迤南川水明滅青林端

同前

南山北垞下結宇臨欹湖每欲採樵去扁舟出菰蒲

竹里館

獨坐幽篁裏彈琴復長嘯深林人不知明月來相照

同前

來過竹里舘日與道相親出入唯山鳥幽深無世人

辛夷塢

木末芙蓉花山中發紅萼澗戶寂無人紛紛開且落

同前

緣堤春草合王孫自留翫况有辛夷花色與芙蓉亂

漆園

古人非傲吏自闕經世務偶寄一微官婆娑數株樹

同前

好閑早成性果此諧宿諾今日漆園遊還同莊叟樂

椒園

桂樽迎帝子杜若贈佳人椒漿奠瑤席欲下雲中君

同前

丹刺罥人衣芳香留過客幸堪調鼎用願君垂採摘

歸嵩山作

清川帶長薄車馬去閑閑流水如有意暮禽相與還
荒城臨古渡落日滿秋山迢遞嵩高下歸來且閉關

歸輞川作

合口踈鍾動漁樵稍欲稀悠然遠山暮獨向白雲歸
菱蔓弱難定楊花輕易飛東臯春草色惆悵掩柴扉

投道一師蘭若宿

一公栖太白高頂出雲煙梵流諸壑遍花雨一峯偏
迹爲無心隱名因立教傳鳥來還語法客去更安禪
晝涉松路盡暮投蘭若邊洞房隱深竹清夜聞遙泉
向是雲霞裏今成枕席前豈惟暫留宿服事將窮年

韋給事山居

幽尋得此地詎有一人曾大壑隨階轉群山入户登
庖廚出深竹印綬隔垂藤即事辭軒冕誰云病未能

輞川別業

不到東山向一年歸來纔及種春田雨中草色緑堪
染水上桃花紅欲然優婁比丘經論學傴僂丈人鄉
里賢披衣倒屣且相見相歡語笑衡門前

山中示弟

山林吾喪我冠帶尔成人莫學嵇康懶且安原憲貧
山陰多北户泉水在東鄰緣合妄相有性空無所親
安知廣成子不是老夫身

戲題輞川別業

柳條拂地不須折松樹梢雲從更長藤花欲暗藏猱
子栢葉初齊養麝香

李處士山居

君子盈天階小人甘自免方隨鍊金客林上家絕巘
背嶺花未開入雲樹深淺清晝猶自暝山鳥時一囀

韋侍郎山居

幸忝君子顧遂陪塵外蹤閑花滿巖谷瀑水映杉松
啼鳥忽臨澗歸雲時抱峯良遊盛簪紱繼迹多夔龍
詎枉青門道胡聞長樂鍾清晨去朝謁車騎何從容

山居即事

寂寞掩柴扉蒼茫對落暉鶴巢松樹遍人訪蓽門稀

綠竹含新粉紅蓮落故衣渡頭煙火起處處採菱歸

早秋山中作

無才不敢累明時思向東溪守故籬豈厭尚平婚嫁早却嫌陶令去官遲草間蛩響臨秋急山裏蟬聲薄暮悲寂寞柴門人不到空林獨與白雲歸

戲題磐石

可憐磐石臨泉水復有垂楊拂酒杯若道春風不解意何因吹送落花來

終南山行

太一近天都連山到海隅白雲回望合青靄入看無分野中峯變陰晴衆壑殊欲投人處宿隔水問樵夫

田園樂七首　六言走筆立成

猒見千門万户經過北里南鄰官府鳴珂有底崆峒散髮何人

再見封侯万戶立談賜璧一雙詎勝耦耕南畝何如高卧東窻

採菱渡頭風急策杖林西日斜杏樹壇邊漁父桃花源裏人家

萋萋春草秋綠落落長松夏寒牛羊自歸村巷童稚不識衣冠

山下孤烟遠村天邊獨樹高原一瓢顔回陋巷五柳先生對門

桃紅復含秋雨柳綠更帶春煙花落家童未掃鸎啼
山客猶眠
酌酒會臨泉水抱琴好倚長松南園露葵朝折東舍
黃粱夜舂

田家

舊穀行將盡良田未可希老年方愛粥卒歲且無衣
雀乳青苔井雞鳴白板扉柴車駕羸牸草屩牧豪豨
多雨紅榴折新秋綠芋肥餉田桑下憩旁舍草中歸
住處名愚谷何煩問是非

丁寓田家有贈

君心尚棲隱久欲傍歸路在朝每為言解印果成趣

晨雞鳴陽里羣動徒所務農夫行餉田閭妾起縫素
闢軒御衣服散帙理章句特吟招隱詩或製閑居賦
新晴望郊郭日映桑榆暮陰盡小苑城微明渭川樹
揆子宅閭井幽賞何由屢道存終不忘迹異難相遇
此時惜離別再來芳菲度

輞川閑居

一從歸白社不復到青門時倚簷前樹遠看原上村
青菰臨水拔白鳥向山翻寂寞於陵子桔槔方灌園

秋雨輞川莊作

積雨空林煙火遲蒸藜炊黍餉東菑漠漠水田飛白
鷺陰陰夏日轉黃鸝山中習靜觀朝槿松下清齋折

露葵野老與人爭席罷海鷗何事更相疑

春園即事

宿雨乘輕屐春寒着弊袍開畦分白水間柳發紅桃

草際成棊局林端舉桔槹還持鹿皮几日暮隱蓬蒿

渭川田家

斜光照墟落窮巷牛羊歸野老念牧童倚杖候荊扉

雉雊麥苗秀蠶眠桑葉稀田夫荷鋤至相見語依依

即此羨閑逸悵然吟式微

春中田園作二首

屋上春鳩鳴村邊杏花白持斧伐遠楊荷鋤覘泉脉

歸燕識舊巢舊人看新曆臨觴忽不御惆悵遠行客

屏居淇水上東野曠無山日隱桑柘外河明閭井間
收童望村去獵犬隨人還靜者亦何事荆扉乘晝關

過盧四員外宅看飯僧共題七韻

三賢異七賢青眼慕青蓮乞飯從香積裁衣學水田
上人飛錫杖檀越施金錢趺坐簷前日焚香竹下煙
寒空法雲地秋色淨居天身逐因緣法心過次弟禪
不須愁日暮自有一燈燃

過李揖宅

閑門秋草色終日無車馬客來深巷中犬吠寒林下
散髮時未簪道書行尚把與我心同人樂道安貧者
一罷宜城酌還歸洛陽社

與盧員外象過崔處士興宗林亭

綠樹重陰蓋四鄰青苔日厚自無塵科頭箕踞長松下白眼看君是甚人

同前　盧象

映竹時聞轉轆轤當窗只見網蜘蛛主人非病常高卧環堵蒙籠一卷儒

同前　王縉

身名不問十年餘老大誰能更讀書林中獨酌鄰家酒門外時聞長者車

同前　裴迪

喬柯門裏自成陰散髮窗中曾不簪逍遥且喜從吾

事榮寵從來非我心

訕前　　　　　　　　崔興宗

窮巷空林常閉關悠然獨卧對前山今朝忽枉嵇生

駕倒屣開門遥解顔

濟州過趙叟家宴

雖與人境接閉門成隱居道言莊叟事儒行魯人餘

深巷斜暉静閑門高柳疎荷鋤修藥圃散帙曝農書

上客摇芳翰中厨饋野蔬夫君弟高歆景晏出林閭

與盧象集朱家

主人能愛客終日有逢迎貰得新豐酒復聞秦女筝

柳條踈客舍槐葉下秋城語笑且爲樂吾將達此生

過福禪師蘭若

巖壑轉微逕雲林隱法堂羽人飛奏樂天女跪焚香竹外峯偏曙藤陰水更凉欲知禪坐久行路長春芳

飯覆釜山僧

晚知清静理日與人羣疎將候遠山僧先期掃弊廬果從雲峯裏顧我蓬蒿居藉草飯松屑焚香看道書燃燈晝欲盡鳴磬夜方初已悟寂爲樂此生閑有餘思歸何必深身世猶空虚

謁璿上人 并序

上人外人内天不定不亂捨法而淵泊無心而雲動色空無得不物物也默語無際不言言也故吾徒得

神交焉玄關大啓德海群泳時雨既降春物具美序
於詩者人百其言
少年不足言識道年已長事往安可悔餘生幸能養
誓從斷臂血不復嬰世網浮名寄纓珮空性無羈鞅
夙承大導師焚香此瞻仰頹然居一室覆載紛万象
高柳早鸎啼長廊春雨響牀下阮家屐窻前筇竹杖
方將見身雲陋彼示天壤一心在法要願以無生獎

青龍寺曇壁上人兄院集 并序

吾兄天開蔭中明徹物外以定力勝敵以惠用解嚴
深居僧坊傍俯人里高原陸地下映芙蓉之池竹林
菓園中秀菩提之樹八極氣霽万彙塵息太虛寥廓

南山爲之端倪皇州蒼茫渭水貫於天地經行之後趺坐而閑外堂梵筵餌客香飯不起而遊覽不風而清凉得世界於蓮花記文章於貝葉時江寧大兄持片石命維序之詩五韻座上成

高處敞招提虛空記有倪坐看南陌騎下聽秦城雞眇眇孤煙起芊芊遠樹齊青山万井外落日五陵西眼界今無染心空安可迷

同前　　王昌齡

本來清淨所竹樹引幽陰簷外含山翠人間出世心圓通無有象聖境不能侵真是吾兄法何妨友弟深天香自然會靈異識鍾音

同前　　王縉

林中空寂舍階下終南山高卧一牀地迴看六合間浮雲幾處滅飛鳥何時還問義天人接無心世界閑誰知大隱客兄弟自追攀

同前　　裴迪

靈境信爲絶法堂出塵氛自然成高致向下看浮雲迤邐峯岫列參差閭井分林端遠樹見風末疎鍾聞吾師久禪寂在世超人羣

黎拾遺昕裴秀才迪見遇秋夜對雨之作

足我　已急輕衣行向重寒燈坐高館秋雨聞疎鍾白法調狂象玄言問老龍何人顧蓬逕空愧牛羊蹤

晚春嚴少尹與諸公見過

松菊荒三逕圖書共五車烹葵邀上客看竹到貧家

鵲乳先春草鶯啼過落花自憐黄髮暮一倍惜年華

過乗如禪師蕭居士嵩丘蘭若

無着天親弟與兄嵩丘蘭若一峯晴食隨鳴磬巢烏

下行踏空林落葉聲迸水定侵香案濕雨花應共石

林平深洞長松何所有儼然天竺古先生

過感配寺曇興上人山院

暮持節竹杖相待虎溪頭催客聞山響歸房逐水流

野花叢發好谷鳥一聲幽夜坐空林寂松風直似秋

司前　　裴迪

不遠灞陵邊安居向十年入門穿竹逕留客畤山泉
鳥轉深林裏心閑落照前浮名竟何益從此願棲禪

夏日過青龍寺謁操禪師

龍鍾一老翁徐步謁禪宮欲問義心義遥知空病空
山河天眼裏世界法身中莫恠銷炎熱能生大地風

同前　裴迪

安禪一室内左右竹君幽有法知不涤無言誰敢詶
鳥飛爭向夕蟬噪已先秋煩暑自兹適清源何所求

鄭果州相過

麗日照殘春初晴草木新牀前磨鏡客樹裏灌園人
五馬驚窮巷雙童逐老身中廚辦麤飯當恕阮家貧

春日與裴迪過新昌里訪呂逸人不遇

桃源一向絶風塵栁市南頭訪隱淪到門不敢題凢鳥看竹何須問主人城外青山如屋裏東家流水入西鄰閉户著書多歲月種松皆作老龍鱗

同前　裴迪

恨不逢君出荷蓑青松白屋更無他陶令五男曾不有蔣生三逕枉相過芙蓉曲沼春流滿薜荔成帷晚靄多聞說桃源好迷客不如高卧眄庭柯

春過賀遂員外藥園

前年槿籬故新作藥欄成香草爲君子名花是長卿水穿盤石透藤繫古松生書畏開厨走來蒙倒屣迎

蕨薇菰米飯蒟醬露葵羹頗識灌園意於陵不自輕

過香積寺

不知香積寺數里入雲峯古木無人逕深山何處鍾
泉聲咽危石日色冷青松薄暮空潭曲安禪制毒龍

過崔駙馬山池

書樓吹笛妓金宛酒家胡錦石稱貞女青松學大夫
脫貂貰桂醑射鴈與山廚閒道高陽會愚公谷正愚

河南嚴尹弟見宿弊廬訪別人賦十韻

上客能論道吾生學養蒙貧交世情外才子古人中
兒上方安釆車邊已畫熊拂衣迎五馬垂手憑雙童
花醥和松屑茶香透竹叢薄霜澄夜月殘雪帶春風

古壁蒼苔黒寒山遠燒紅眼看東候別心事北川同

若學輕先輩何能訪老翁欲知今日後不樂為車公

王摩詰文集卷第六

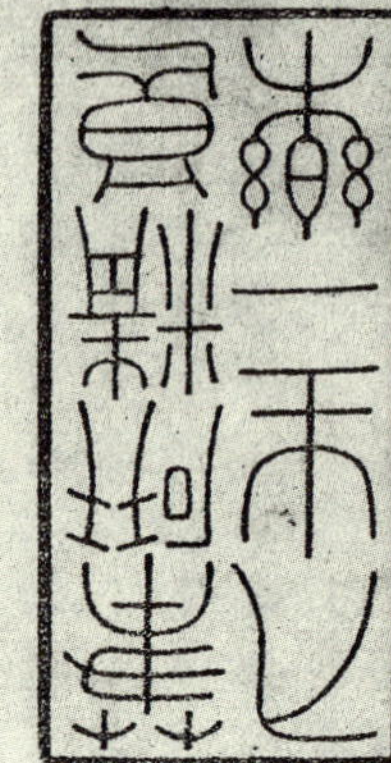